浙江省林业局——编

浙江
名山公园

ZHEJIANG
MINGSHAN GONGYUAN

杭州出版社

图书在版编目（CIP）数据

浙江名山公园 / 浙江省林业局编 . -- 杭州 ：杭州
出版社 ，2025. 5. -- ISBN 978-7-5565-2731-1

Ⅰ．K928.3

中国国家版本馆 CIP 数据核字第 2024QX2022 号

ZHEJIANG MINGSHAN GONGYUAN

浙江名山公园

浙江省林业局 编

责任编辑	王妍丹
文字编辑	邹乐陶
责任校对	陈铭杰
美术编辑	卢晓明
封面设计	倪 欣
责任印务	姚 霖
出版发行	杭州出版社（杭州市西湖文化广场 32 号 6 楼）
	电话：0571-87997719　邮编：310014
	网址：www.hzcbs.com
印　　刷	杭州佳园彩色印刷有限公司
经　　销	新华书店
开　　本	710 mm×1000 mm　1/16
印　　张	17.25
字　　数	307 千
版 印 次	2025 年 5 月第 1 版　2025 年 5 月第 1 次印刷
书　　号	ISBN 978-7-5565-2731-1
定　　价	128.00 元

《浙江名山公园》编纂委员会

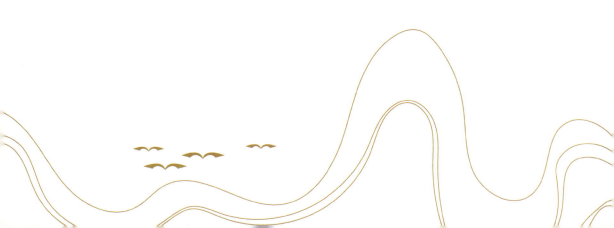

序

　　浙江"七山一水两分田"，以山为主体的自然家底赋予了浙江独特的生态资源，也培育了浙江丰厚的山岳文化。2019年，浙江省政府工作报告中首次提出建设"十大名山公园"，2021年又遴选出第二批"十大名山公园"，目前全省共有二十座名山公园。

　　天目山、四明山、雁荡山、莫干山、会稽山、大盘山、钱江源、天台山、神仙居、凤阳山－百山祖、清凉峰、百丈漈、乌岩岭、天姥山、金华山、方岩山、江郎山、六春湖、白云山、九龙山，这些名山公园依托最具浙江代表性的自然保护地，就像二十颗耀眼明珠镶嵌在浙江美丽的诗画大地，不仅有独特的自然风貌，还兼具深厚的人文底蕴。

　　多年来，浙江省深入践行"绿水青山就是金山银山"理念，制定名山公园建设行动计划，推进山上保护、山下协调发展，带动区域融合发展、促进乡村振兴和共同富裕，促进人与自然和谐共生。

　　二十座名山公园，是佛道中人修身养性的仙山佛国，是文人骚客吟诗作画的山水胜境，也是百姓民众拥抱自然的精神家园。本书主要收录了名山公园中最具特色的自然风光和人文资源，旨在让读者了解名山、读懂浙江。

　　书中文字及图片素材由各名山公园管理机构提供，各名山公园章节前的书画作品由浙江省林业局于 2022 年邀请 18 位书画名家倾心创作[1]。

希望每一位读者都能走进浙江名山，用脚步来丈量大地，用眼睛去欣赏风景，每一座名山公园都会让你得到意外的惊喜。

编者

2024 年 6 月

---

[1] 根据章节顺序，18 位画家依次为：张帆、杨辉、叶旭华、陈荣兵、陈雷、陈心昌、徐忠良、丑百川、夏子宽、汤佳良、楼奕、沈林子、宋伯松、张仁海、林笑生、陈明文、姚毅涵、宋晓赟。

目　录

天目山地處杭州臨安素有大樹華蓋之聞九
州之譽主峰仙人頂海拔一千五百零六米天目
之名始于汉有東西兩峰頂上各有一池長年不枯
天目山是東陸菩薩道場山中珍稀動植繁多
為國家教學科研至重基地也是我國著名的自
然得護區同時也是浙江省惟一加入國際生物圈保
护區天目山峰巒重疊翠古木蒼巍流水淙潺漾观
有三以此合抱的大樹四百余株最高樹木達六
十余米其中全球仅有的五樹銀杏水杉蒼存在頭
山天目山歷史悠久歷代名人游居此地如李白苏
轼張道陵張羽刻基昭明太子周恩来諸悲鴻等

癸卯秋月於寧波張州記之

◎ 张 帆《天目叠翠》（局部）

概况

天目山名山公园主要依托天目山国家级自然保护区。"天目之山，杳水出焉；龙飞凤舞，萃于临安。"天目山，古称浮玉山，后称天目山，含东天目、西天目两山。因峰顶各有一池皆名为"天池"，宛若双眸仰望苍穹，"天目"之名由此而得。两山雄踞在东海与黄山之间，史称"浙西诸山之祖"。

东部、南部与临安区天目山镇毗邻，西部与临安区於潜镇和安徽省宁国市接壤，北部与安吉小鲵国家级自然保护区交界。南北长 12 千米，东西宽 8 千米，主峰仙人顶海拔 1506 米。天目山是钟灵毓秀的江南奇山，

有大树王国，物种宝库之称，其中西天目山是国家级自然保护区，系联合国教科文组织"人与生物圈"网络的一员，为"中国十大避暑名山"之一；东天目山是浙江省级自然保护区，古树名木、飞瀑流泉独具特色。优越的自然环境，成就了天目山道教的发展、佛教的繁荣，被尊称为洞天福地、韦驮道场。

天目山地质古老，山体形成于距今1.5亿年前的燕山期，作为"江南古陆"的一部分，其地貌独特、地形复杂、峭壁突兀、怪石林立、峡谷众多，是华北地区古冰川遗址的典型表现，世称"江南奇山"。

天目山处于中亚热带北缘，受海洋暖湿气流影响较深，四季分明，气候温和，年平均气温约14摄氏度，雨量充沛，光照适宜，这样的气候使得天目山形成了复

黑麂（国家一级重点保护野生动物）

杂多变的森林生态气候。天目山的森林植被以高、大、古、稀、多、美著称。浙江天目山国家级自然保护区面积 4284 公顷，森林蓄积量 49.11 万立方米，森林覆盖率 97.56%。天目山的动植物区系温带特征明显，众多原始科属和孑遗植物的存在证明天目山动植物资源的原始性、稀有性、典型性、特有性、多样性。天目山有包括银杏、南方红豆杉、天目铁木等在内的重点保护野生植物，以及黑麂、华南梅花鹿等重点保护野生动物。

天目山还是长江（太湖）水系和钱塘江水系的分水岭，为两大水系部分支流的发源地。西天目山南坡诸水汇天目溪，汇钱塘江；西天目山北坡和东天目山水流汇南苕溪，入太湖，注长江。

🔺 自然之美

天目山古名浮玉山，"天目"之名始于汉，有东西两峰，峰顶各有一池，因水池长年不枯故名。天目山峰峦叠翠，古木葱茏，有奇岩怪石之险，有流泉飞瀑之胜，素负"大树王国""清凉世界"盛名，为古今揽胜颐神胜地。

大树王国

游客自西天目山上山，山脚下有一些人文景观，但进入山门之后，一路上山都是充满野趣的自然风光。自山脚向上攀爬半个多小时，就会来到著名的"大树王"景区。"大树王"是一棵世界罕见的巨大柳杉，位于开山老殿下方，树前有"大树王"石碑一块，其胸径超过2米，在宋代就已被誉为"千秋树"。

除了大树王，天目山还有著名的"五世同堂"银杏树，其中最老的银杏树树龄已达12000年，大者苍劲古朴，小者挺拔幽雅，树姿各异，老、壮、青、少、幼共济一堂，向上望是茂密的枝叶，向下望是无尽的密林。"古树最有灵气"，每年秋季山民都会来到这棵银杏树下祈福以求未来美满安康，长此以往，便成美好的传统！天目山一向以"大树华盖闻九州"闻名，山中还有许多其他的

大树王

珍稀植物，全球又存 5 棵、被称为地球独生子的天目铁木就是其中最具有代表性的品种，这些珍贵的天目铁木也生长在西天目山，最大的一棵生长在公路边上。天目铁木目前存世稀少，且损伤严重，需要人类妥善保护。

天目云海

自西天目登顶大约需要攀爬 7 千米，若是喜爱徒步登山，可以尝试循山而上，攀登至山顶，欣赏沿途的奇山怪石，感受树木层层遮蔽下的醉人绿意。天目山的奇石，色泽青润，大自然的鬼斧神工令山石的每一处棱角都精致巧妙，而两侧高耸的石壁则令人感受到自然的宏大和自己的渺小，历代文人墨客对此赞不绝口，明代袁宏道在他的《天目》一文中描写天目山"石色苍润，石骨奥巧，石径曲折，石壁竦峭，二绝也"。登顶之后，还可以欣赏天目山的云海，清晨时，在天目山的峰顶向远处看去，层层白云"白净如绵，奔腾如浪，尽大地作琉璃海，诸山尖出云上若萍"，云层将大地和山峰变得五光十色，令人无比向往。

激流飞瀑

在树木葱郁，自然气息浓厚的天目山中漫步，令人心旷神怡，东天目山在树木景观之外，更有壮观的瀑布，令游客流连忘返。东瀑大峡谷是天目山脉中最为典型的峡谷。峡谷内茂盛的植物，遮天蔽日，良好的生态环境，使得众多动物在这里繁衍生息。东瀑大峡谷引人入胜的是幽，最为赏心悦目的是水，一个又一个的水潭，一个又一个的瀑布，水与石在幽静的环境中组成了一幅又一幅的美丽图画。其瀑布中最为壮观者，自龙池奔流而下，跳珠溅玉，响声震耳，俗称"东瀑"，这一段瀑布可与庐山飞瀑媲美，古人有诗云："疑是庐山移到此，九天半落碧河声。"

天目山的自然风光吸引着无数游人，现在，东、西天目山都已被列为国家 AAAA 级景区，逐步建成西天目山、东天目山和天目大峡谷三大景区，以森林景观为主导，历史人文和生态环境为依托，集观光、休闲、养生于一体的生态养生旅游区，吸引着八方游客。

人文荟萃

天目山的历史可谓十分悠久，自汉代起就有天目的称谓，许多文人墨客曾经到过天目山并且留下了自己的作品，比如李白、袁宏道、徐渭等。天目山也以自己的幽静、深邃之美，吸引了许多人前来居住、修行，所以留下了众多知名的遗迹，诸如昭明禅寺、禅源寺、留椿屋等。

昭明禅寺

昭明禅寺的故事与南朝梁的昭明太子萧统有关。梁武帝萧衍 37 岁时得一子，取名萧统。萧统出生第二年，萧衍灭齐夺位，建立梁朝，同年十一月，立萧统为皇太子。萧统不仅生相俊逸，且自幼聪明过人，博通众学，喜召集文采学士，又受到母亲丁令光言传身教，熟读儒家经典，谦和仁恕。然萧统居太子之位却无帝王阴狠权谋之术，注定将上演一场悲剧。萧统 25 岁时，母亲病故。在有心之人眼中，这是一次离间父子关系的绝佳良机。在深宫之中，太监、谋士、幕僚钩心斗角，宽仁的萧统也无奈被卷入斗争之中。萧统听信道士之言，将蜡鹅等物埋入丁贵嫔墓到长子之位，以求吉利，而太监鲍邈之因嫉妒太子宠爱其他宫监，跑到梁武帝跟前搬弄是非。多疑的梁武帝派人前去墓地挖掘，果真挖出了蜡鹅之物。因"蜡鹅事件"，父子心生嫌隙。面对父亲的威慑责难，萧统千万苦衷闷在心里，趁父皇入同泰寺舍身做"菩萨皇帝"之机，离开东宫，离开妻室儿女，带了侍臣、文人和书籍，路过扬州、常州……游历天下名胜，隐居读书纂文。南朝梁普通八年（527），忧闷已久的萧统，来到"天目三千丈，东南第一峰"的天目山。

相传萧统初到天目，向一位在草庵中念经的老和尚问路，和尚只专心诵经，不予作答。萧统静候在门边，直到天明。这位和尚名宝志，所吟正是《金刚经》，因不懂梵文，不分章节，中间难以停顿。见此情形，萧统译述并将《金刚经》分为 32 章节，萧统当年所居之所被称为太子庵。

萧统还修建了"昭明院"，帝赐额"昭明禅寺"，后人称"昭明寺"。昭明禅寺始建于 1500 多年前的梁朝大通年间（527—529）。还编选了我国现存最早的文选集，后世称《昭明文选》。该文选在我国乃至世界华人文坛均有广泛影响。昭明禅寺参差巍峨，错落有致。布局大致分为三大部分。寺左边是僧侣香客起居地，寺中间是精华，内有天王殿。

禅源寺

禅源寺，位于浙江省临安区西天目山南麓昭明、旭日两峰之下，掩映在青山绿林之中，是韦驮菩萨应迹道场，是浙江名刹之一。禅源寺历代高僧辈出，传法系属临济宗，远播东瀛。禅源寺开创者为玉琳国师。玉琳国师（1614—1675），名通琇，俗姓杨，江苏江阴人。幼即敏慧，十九岁从磐山圆修出家，受具足戒。因闻马祖道一"一口吸尽西江水"禅语，豁然大悟，师以"再来人"称之，有"盖天盖地人中龙，他年必传临济宗"之语。玉琳国师司法后传临济宗，住持湖州报恩寺，四方衲子，望风而至。当时玉琳国师与天童密云圆悟道法并行，称为"二甘露门"。玉琳国师晚年重建禅源寺，并常住于此。

禅源寺规模宏大，布局完整。分中、东、西三条轴线：中轴线上依次为天王殿、韦驮殿、大雄宝殿、法堂

禅源寺

（楼上为御书阁）、祖堂（楼上为涵辉楼）；东轴线上为客堂（又称五间楼房）、上客房、药师殿（楼为净土阁）、方丈（楼为大澍阁）、追远堂（楼上为大悲楼）、追远堂东侧又有地藏殿（楼上为观音阁）；西轴线上为官客堂（又称尊客堂，二层）、西客堂（云水堂）、介堂（楼上为意珠楼、堂东为内客堂）、禅堂、楼云轩（楼上为晚香阁、轩东为蒙堂）。其他尚有焙茶房、齐堂、库存房等附属建筑，目前，大雄宝殿以东建筑，因毁于日机轰炸，早已荡然无存，但遗址犹在；西轴线上建筑，尚基本完整，只是官客堂已改建为"天目山宾馆"，其原建筑尚存。

天目盏

天目山还有著名的"天目盏"，为高档茶具，历史上主要有"曜变天目""兔毫天目""玳瑁天目""油滴天目"等，在陶瓷史上有重要的地位。

天目古窑位于西天目山南，分布在天目溪旁数十里的范围内。宋元时期，天目山一带曾有近百口窑，烧制各种"天目盏"。据记载，清康熙年间，於潜县衙还配有专门烧制"天目盏"的黑窑匠。现已发现古龙窑、馒头窑、马蹄窑等遗址33座，根据已发现的实物，窑口起始不晚于北宋，2013年3月被国务院列为国家级文物保护单位。

自唐始，仕官文人间盛行"斗茶"，因黑釉茶盏方便观察汤沫变化，因此"天目盏"风靡朝野。天目山是佛教圣地，山上产好茶，又出精致茶具。高僧倡导茶禅一味，也行斗茶之风，茶和茶具成了佛教修行的一个载体。茶道开创者释皎然和茶圣陆羽还在天目山留下一段佳话。宋元时期，有高僧无门慧开、天目肇、昙印、高峰、

天目盏——天目木叶

中峰等驻锡西天目，佛教临济宗在天目山中兴，国内外僧人、居士纷至沓来，修学佛法的同时也习天目茶道，使"天目盏"器物和制陶技艺广泛流传。

历代多有赞誉"天目盏"的诗文，宋徽宗《大观茶论》载："盏色以青黑为贵，兔毫为上。"苏轼《送南屏谦师》有句："道人晓出南屏山，来试点茶三昧手，忽惊午盏兔毛斑，打作春瓮鹅儿酒。"

现代藏家都以收藏当年的"天目盏"珍品为荣耀，可谓：千年古窑冻宝器，一把"天目"慰平生。

日本僧人把天目山佛禅带到日本，也带去了弥足珍贵的"天目盏"，许多寺院尊天目山为祖庭，并把"天目盏"列为一级国宝。而"曜变天目盏"因其内壁的曜变斑纹展现出梦幻般的光彩，居于诸天目名瓷之首，现存世仅有三件半。三只完整的"曜变天目盏"分别收藏在日本静嘉堂、藤田美术馆、大德寺龙光院。另外半只是2009年在杭州一项基建工程中发现的残碗。

日本的"濑户烧"制陶瓷技艺也是源于"天目窑"。1937年出版的王辑五编著的《中国日本交通史》中记载：宋嘉定十六年（1223），加藤四郎左卫门随永平寺僧道元入宋，在天目窑学艺五年回国，先开窑于京都，后在濑户发现良土，以"天目窑"制陶瓷技艺，使"濑户烧"一举成名，开创日本陶瓷新纪元。加藤四郎也因此被尊为日本的"陶圣"。

四明山

應夢名山

雪竇山位於浙東四明山南麓，
最高峰二百八十米。宋寧宗賜
名應夢名山，世稱四明第二
山水勝景。因屢夢此景，宋寧宗
親書御賜勤道場。戊申槐雲堂如博記

◎ 杨　辉《应梦名山》（局部）

◤ 概况

　　四明山名山公园主要依托四明山国家森林公园和雪窦山风景名胜区。

　　四明山国家森林公园位于四明山腹地，横跨余姚、

海曙、奉化，连接嵊州、上虞，毗邻五个县市区，总面积 66.65 平方千米，有龙虎山的气势壮观，兔耳岭的怪石灵秀，有着第二庐山之称，林深茂密，青山碧水，各种鸟兽出没其间，生态环境十分优越，被誉为天然"氧吧"。

四明山区域内大地构造属闽浙地盾的东北部，地层分布以中生代的火山岩居多。地貌类型以低山、丘陵为主，间有台地、谷（盆）地。地势西南高，东北低，由西南向东北倾斜。山脉属括苍山系天台山山脉的支脉。公园呈狭长形分布，范围大而分散，绝大部分林地处于海拔 600—900 米之间，最高处为嵊州市境内的腹船山，海拔 1020.5 米。

四明山地处中亚热带和北亚热带的边界，为典型的中亚热带低、中山气候，偏冷而湿润，四季分明，光照充足，雨量充沛，冬夏季风交替明显，夏季凉爽，七月份平均温度 22.9—24.5 摄氏度，最高气温不超过 32 摄氏度；冬季寒冷，一月份平均温度零下 2.0—1.0 摄氏度，极端最低温度达零下 14 摄氏度；年平均气温在 11.6—12.0 摄氏度之间。无霜期 203 天，年降雨量 1900 毫米左右，年平均相对湿度 83.0%。由于地形地貌复杂，常年气候明显表现出随海拔增加，气温下降，降雨量增多，湿度增大。台风、低温和冰雪对林木生长的影响较大。

四明山国家森林公园内物种丰富，经调查共有野生、习见栽培及归化维管植物 175 科 753 属 1731 种（包括亚种、变种、品种），其中野生植物 158 科 611 属 1325 种，栽培植物 365 种，归化植物 41 种。野生植物中蕨类植物 29 科 54 属 91 种，裸子植物 5 科 9 属 11 种，被子植

剡溪落日图

物 129 科 548 属 1234 种。其中包括国家一级重点保护
野生植物南方红豆杉、银缕梅 2 种，国家二级重点保护
植物长柄石杉、四川石杉、金钱松等 23 种，浙江省重
点保护野生植物孩儿参、毛叶铁线莲等 8 种，其他珍稀
植物过山蕨、东方荚果蕨等 26 种。区域内主要为人工
林和天然次生林，类型有针叶林、针阔混交林、阔叶林、
常绿落叶阔叶混交林、常绿落叶针叶阔叶混交林、竹林、
经济林等。区域内野生动物种类较多，有鸟类 10 目 24
科 47 种，兽类 7 目 15 科 42 种，两栖类 1 目 2 科 4 种，
爬行类 3 目 5 科 13 种。其中国家 I 级重点保护动物有
白颈长尾雉、黑麂、云豹、豹 4 种；国家 II 级重点保护

野生动物有苍鹰、游隼、白鹇、穿山甲、虎纹蛙等18种；省级重点保护动物有白鹭、四声杜鹃、豹猫、滑鼠蛇、五步蛇等22种。

雪窦山风景名胜区也是四明山名山公园的一部分。

雪窦山风景名胜区位于宁波市奉化区的西北部，总体规划面积85.28平方千米，东起溪口镇，西至徐凫岩，南起洞山北麓，北至四明商量岗、奶部山，东西跨距12千米，南北纵深约9千米。核心景区面积16.54平方千米，外围保护地带面积30.42平方千米。

雪窦山北、西、南三面为山地丘陵，东北为河谷地带及冲积平原，境内水系丰富，植皮宽阔，土地资源颇丰。雪窦山以喀斯特地貌与丹霞地貌为主，丹霞地貌为冲洪积扇堆积，形成于白垩世晚期（方岩期），特别是千丈岩、妙高台、三隐潭、徐凫岩独特的地形特征，形成了千姿百态的自然风光和瀑布群。

剡溪为境内主干流，有剡源、西晦溪两大主要支流。剡源、西晦溪汇合于公棠后即称剡溪，经沙堤、溪口、畸山至萧王庙汇入剡江，全长16千米。汇合到公棠后的剡溪有干溪、沙堤溪、周坑溪、细溪、湖山溪、夹溪等支流。古时，沙堤至溪口段俗称锦溪。雪窦山古称"瀑布山"，拥有千丈岩、三隐潭、徐凫岩三处饮誉江浙地区的瀑布，千丈岩瀑布自宋代起就号称"东浙第一瀑"。雪窦山南麓还有亭下湖国家级水利风景区，空气和水的质量，常年处于国标一级水平，一年中超过300天空气质量达到优良。雪窦山森林覆盖面积82.7%，已经建立生态保护区5个，面积228公顷。

雪窦山属中亚热带季风气候区，受太平洋季风影响，春夏秋冬四季分明，立体气候特征明显。境内年平均气温 17.7 摄氏度。最冷 1 月，月均气温 4.6 摄氏度，最热 7 月，月均温 28.0 摄氏度。

雪窦山平均海拔 240—350 米，处丘陵地带。海拔 500—1000 米的区域由仙霞岭山脉向东北延伸而来，至浙东形成天台山脉、四明山脉。以剡源—剡溪为界，其北属四明山脉，其南属天台山脉。四明山脉，由嵊州延伸形成余姚、鄞州界山，向南形成嵊州、新昌界山。天台山脉，曰新昌、宁海县山体，自南向北伸展到奉化境内，以县溪为界，分东、西两支，奉化境内为西支，分布剡溪以南的莼驻、江溪、溪口等片区。

🎺 自然之美

　　四明山区域内风景优美，春观花，夏避暑，秋觅叶，冬赏雪景雾凇，雾凇为华东一带罕见的天象景观。可观赏的主要有深秀谷、鹁鸪岩水帘洞、仰天湖以及度假山庄等景点。

深秀谷景区

　　深秀谷景区位于四明山国家森林公园接待中心四明山庄东侧。两个一大一小的人工湖分布在景区内，分别

清凉世界

景区一隅

曰"深湖"和"秀湖"。湖边绿树掩映，湖水碧绿澄清，宁静深秀，故而称之为深秀谷。绵长的森林石步道环湖而筑，步移景易，曲折幽深，散落着各式精巧的亭台水榭：灵芝亭、含翠亭、深秀亭、林湖涵碧、林荫水榭、举足腾云等等，是炎炎夏日里的一片清凉世界。

仰天湖

仰天湖位于余姚市四明山镇大山村，海拔800多米，面积约40亩，为素有"天然氧吧"之称的四明山深处的一个山间小盆地。站在仰天湖畔放眼望去，满眼都是绿色的丛林，湖面上微波粼粼，一棵枯树横卧其中，游客可以踩着树干走到湖心的小亭台上。湖边一条青石小路围绕，再加上一段九曲回廊，沿小路绕湖一圈大概需要一刻钟。

相传明朝开国元勋刘伯温为朱元璋觅荫地，一路南行，苦不能得。至仰天湖见五座山峰围一泓清水而立，呈五龙争珠之势，叹南有美女睇眉，北有将军凝目，东西为黑、白龙渊守护，实为龙脉之地。于是将手中竹杖插地为记，回报京都。待工匠上山，则遍湖生竹，枝叶倒展，不见龙穴，感天不助人，逐隐居而去。

刘伯温所见仰天湖已无从考究，如今游客所看到的仰天湖，是后来人工挖掘的。走进这秋日的四明山中，伫立在九曲木桥上，望着一潭明镜般的清水，聆听山间鹁鸪啼鸣，感受徐徐清风拂面，整个人顿感舒畅，心中杂念俱消。

鹁鸪岩洞（水帘洞）

鹁鸪岩位于仰天湖景区，因洞旁山谷中时有鹁鸪声声啼鸣而得名。岩洞上部为陡悬于山谷间的峭壁，洞顶一股飞瀑直冲而下，飞珠溅玉，吐霓挂虹，落地汇成清澈没膝的水潭。

水帘洞冬景

溪口雪窦山是国家级风景名胜区、国家 ＡＡＡＡＡ 级旅游景区、海峡两岸交流基地。旅游资源品类多、规模大，集聚了民国文化、弥勒文化、山水文化等具有世界影响力的高品位旅游资源，有着极高的历史文化价值和观赏游憩价值。它们完美融合，彰显无限魅力，成为"诗画浙江"的代表性旅游景区。

雪窦山位于奉化溪口镇西北部，为浙东四明山脉的南翼。东起溪口镇，西达徐凫岩，南濒洞山北麓，北抵商量岗、奶部山，面积近 100 平方千米。巍峨四明山脉，有峰二百八十之众，而雪窦山奇峰突起，悬崖峥嵘，幽谷瀑飞，自古秀甲四明，是我国东南的一座名山。

千丈岩

千丈岩位于御书亭西 400 米处。岩壁如削，古称"飞雪岩"。瀑布自悬崖口冲出，至潭底，落差 128 米，宋真宗赵恒赐名"东浙瀑布"。水源来自东西两涧，东涧水从中峰"白龙洞"环流寺南，西涧水来自"屏风山"雪峰，两涧水汇成巨流，如一条蛟龙，腾空奔泻，至半壁撞击突出巨岩。顿时，水花四射，飞珠溅玉，再折而崩泻，如银笟倒挂，经阳光折射，玉彩纷呈，蔚为壮观。

唐宋八大家之一的王安石和曾巩、元代戴表元等都曾观瀑，并作诗赞其胜。身为时任鄞县县令的王安石，得知奉化千丈岩景观之美，不顾繁忙，至此游观，赋诗一首，传颂千古。宋代郑清之，朝中为官，文才过人，他欣赏千丈岩后，写下一首《千丈岩》七绝诗："圆峤移来东海东，梵王宫在最高峰，试将法雨周沙界，千丈岩头挂玉虹。"元代文学大家戴表元观后，留下描写千

千丈岩瀑布

丈岩的名句"匡庐亦有千寻瀑，无此陵虚翠玉台"，写出了瀑布之美景。清朝初年，《四明山志》记载：其岩绝壁千仞，故名千丈岩，水至半壁，有石突出隔之，洒若飞雪而复为瀑布，亦名"瀑布山"。1937年4月，抗日将领冯玉祥游了千丈岩，诗兴大发，赋诗："走到四明山，先看千丈岩。若能发水电，更能开我怀。"以物言志，表达了爱国爱民情怀。

徐凫岩瀑布

徐凫岩瀑布位于雪窦寺西6千米，徐凫村附近。岩顶海拔 667 米，崖口有巨石外突，洞水自此出，飞腾奔泻而下。清光绪《奉化县志》载："徐凫岩下，为神龙所宅，有'鞠猴岩'三个大字刊于绝壁，相传有仙凫上升，岩上有巨迹存焉，俗传'如浮岩'，以岩浮涧谷上，故名。"远望巨石，酷似石猴倚天而鞠，故又称鞠猴岩。以鞠猴岩为中心，向两边绝壁延伸数百米，其形如斧凿刀削。其色黛赭相杂。崖顶松木苍翠、虬影乱舞，崖下草木丛生、成簇弄影。其壮观、秀丽，胜于千丈岩。1987 年，屈武题有"徐凫溅雪"，镌刻于绝壁。崖顶涧间，有古朴洞桥横跨，涧水自寿蹯岭林间潺潺流来，渐而湍急澎湃，过桥后飞流直挂，声震山谷。瀑布落差 242 米，无岩石阻断，循崖而泻，白雾蒸腾，飞珠溅玉，声若雷霆，震山撼谷，雄奇壮观。绝壁下部，水帘与岩壁相隔成一宽绰空间，置身其间，如坐轻罗帐中，细沫润面，趣不胜述，有华东第一瀑之称。瀑下有潭，烟云弥漫，令人沉醉。水自潭中流出，成溪流沿谷底逶迤而去。宋代陈著有《徐凫蛟瀑》诗："一流瀑泻九重天，长挂如虹引洞仙。岩壁凫飞延岁月，石梁龙滚起云烟。满山药味增新色，夹岸桃花胜旧年。愧我白头登览日，咏归赓韵信多缘。"20世纪 30 年代，从崖顶至崖下筑有山径。20 世纪 60 年代后，电影《难忘的战斗》《曙光》等曾在此拍摄外景。1991 年，在岩壁对面新建观瀑亭，供游客观景。

商量岗

商量岗又名相量岗，位于雪窦山景区北端。相传有三仙人在此商量过建寺问题，因以得名。商量之处有一石桥，名"仙人桥"。商量岗有林地地 1.3 万余亩。山顶建有电视转播台，讯号覆盖周围 20 多个县市。这里以夏季凉爽闻名，被称为避暑胜地。主峰乳峰，又称奶部山，海拔 915 米，夏季气温不超过 28 摄氏度，当地有"岗上无夏天，白天不用扇，晚上不离被"之谚。山上松杉满坡，相间成林，参差苍郁，景色斑斓。登高岗顶，放眼四眺，群山万壑，隐约于云海之中，而点点峰峦，穿插其上，令人有置身仙境之感。云升雾散之时，在岗顶能北眺宁波，南望象山港，谓"晴时能见万里天"。大雾弥漫之时，宛如堕入雾海之中，谓"雾时难见丈外物"。冬天滴水成冰，冷风刺骨，谓"寒时茅草倒挂珠"。大风起时，龙吟虎啸，声震山岳，谓"起风能拔连根树"。在各种气候条件下，商量岗会呈现不同的景观，使人如入太虚幻境，变化莫测。

商量岗

🔖 人文荟萃

浙东唐诗之路

千百年来，众多文人墨客不远万里来到四明山，被沿途千岩竞秀、万壑争流，村野牧歌，清流舟筏的美景所陶醉。古代文人墨客纷纷寓居于古道四周村落，走走停停，一路上载酒高歌，登高观远，望月赏秋，留下了大量脍炙人口的名篇佳作。

这条四明诗路，经中外学者专家实地考证，已经被确认为"浙江唐诗之路"的重要组成部分。中国有丝绸

"浙东唐诗之路"简示图

之路，也有"唐诗之路"，诗路在何处？诗路在浙江。浙江有两条唐诗之路，一在浙东，二在浙西。浙东的唐诗之路，从古城绍兴镜湖向南经余姚曹娥江，入浙东四明山，再经天姥山，最后至天台山石梁飞瀑，全长约200千米。

诗仙李白至少有六、七首描写四明山的诗，最出名的当是下面这首《早望海霞边》：四明三千里，朝起赤城霞。日出红光散，分辉照雪崖。一餐咽琼液，五内发金沙。举手何所待，青龙白虎车。

另外，唐代孟郊在《送萧炼师入四明山》中抒情："千寻直裂峰，百尺倒泻泉。绛雪为我饭，白云为我田。"多么壮观。杜甫20岁时就游居四明山古道一带，长达4年之久。唐陆龟蒙则在听一位隐居四明山的道士谈四明景色时诗兴大作："鹿亭岩下置，时领白麂过 …… 早晚吞金液，骑将上绛河。"把四明山鹿亭一带的美景写得出神入化。

黄宗羲纪念馆

黄宗羲纪念馆坐落在镇东桥畔。这里是黄宗羲当年讲学处，上痒庙遗迹犹存。镇东桥畔古木森森，锦鸡、凤凰两峰屹立于古桥两边，山上高树若云，苍翠欲滴，有500多年树龄的金钱松，还有近10万种不同植物。这座古老的古拱桥，相传由上痒庙僧人科学设计，即使洪水咆哮而来，桥身仍可安然无恙，而且建筑别致，桥高5米，跨度约8米，桥上还有五楹廊屋，古色古香。纪念馆于2003年盛夏落成，门口广场上的建筑标志造型是黄宗羲撰写的《四明山志》，依照天一阁藏书中最

黄宗羲纪念馆

早木刻本，用梅园石制作的。纪念馆马头墙高耸，青瓦粉墙，宛如徽州民居。

一进门我们看到的是黄宗羲先生古铜色的半身雕像，一楼展示的是其生平事迹为主的图片、文字与实物，重现了一代先贤的风韵。实物柜内陈列的是黄宗羲著作的多种版本，先贤留给后人的著述颇丰，有《明儒学案》《南雷文定》《四明山志》等。其代表作《明夷待访录》系统地批判了封建专制制度，指出"天下不是一人之天下，是天下人之天下"，在高度专制的封建时代，他可谓站在时代潮流的前列。其启蒙的民主主义思想光辉，比法国卢梭还早近百年。其"工商皆本"的思想，一反中国历代以农为本的传统，可谓近代宁波商帮兴起的思想根源。其经世致用的观点，奠定了浙东史学派的基础。

二楼介绍了众多的四明山自然景观、人文景观。从梅福修道到丹山赤水；从四明山的唐诗名篇到浙东唐诗之路；又有抗日时期四明山作为全国十九块红色根据地之一的光辉历史；还有徐霞客游历四明山，到过四窗岩，下山即去宁波走访远房族史的记述等。

王阳明祖居地

明代大儒王阳明的祖居地，浙江省宁波市余姚市大

王阳明像

岚镇隐地龙潭村的隐地自然村，原名阴地村，因为村中原有四棵大松树．一株大枫树，俗称五叶梅花，村庄隐于树阴之中，因此称为阴地村。这里还是古时的避世隐居之地，因此又叫隐地村。

这一带原本隶属绍兴上虞管辖，1956 年，阴地村划属余姚大岚乡．1960 年，龙潭村也划属余姚大岚乡，2001 年 5 月阴地和山脚的龙潭两村合并为阴地龙潭村。

近年来，当地将"阴地村"之名变更为"隐地村"，与龙潭村并称为隐地龙潭村，村内建有"王阳明祖居地纪念馆"，记录了王阳明的家世渊源。

始迁祖王泽元，是两晋时期南迁的琅琊王氏王导的后裔，北宋仁宗时期从嵊州东林迁此，以隐地龙潭村为源头，后裔分布附近各村。两宋之交，宋室南迁，王槐王氏王彦洪随迁余杭县仙宅界，绍熙初年，次子王补之知绍兴府事，与弟王辅之迁居上虞达溪畔。王补之的曾孙王季，迁居余姚秘图山隐地村，九世孙就是著名的王阳明。

入山亭

入山亭位于雪窦山东南麓登山入口处，昔为步行上雪窦山必经之地。清《雪窦寺志》载：入山亭宋至和二年（1055）雪窦寺僧达观颖建。元至元元年（1335）住持石室祖瑛重建。定名"雪窦山亭"。明万历间更名雪窦禅关亭。后厂经废兴，于清时称入山亭。据传，明时江南第一风流才子唐伯虎到过此亭，并以炭为笔，为亭题额。1934 年杜月笙捐资，拆除原有小亭，扩建成 5 间三明二暗的新亭，由雪窦寺派僧人常年管理。1941 年 4

月被日寇烧毁。1945年仍由杜月笙出资，按原样重建，迄今基本完好。从入山亭进山，沿雪窦古道的卵石山径，蜿蜒而上，有"一路山花不负侬"的情趣。途中亭旁有古井，冬夏不涸，其味甘洌。明吏部侍郎杨守陈到此，僧人献茗，色、香、味俱上乘，题名寒碧亭，清改寒华亭。再上行直至雪窦岭口御书亭。明宋琰《入山亭》诗："一亭西入梵王家，百折千盘路转赊。山鸟似知来客意，数声啼上石楠花。"20世纪70年代后，登山公路开通，但由此徒步来往的游人，仍络绎不绝。

御书亭

御书亭位于雪窦岭口，赭墙翘檐，古朴典雅。宋淳祐六年（1246）初建。《雪窦寺志》载：景祐四年（1037）宋仁宗赵祯夜梦游名山，"诏图天下山川以进，披览及于雪窦，恍于构合"，乃派人赏赐御物。1245年宋理宗赵昀（赵祯第九代嫡系玄孙）追书"应梦名山"四字。历时二百余年，跨越两个世纪的一个梦境，终于有了一个了结。次年雪窦寺住持广闻勒石构亭，石碑正面为理宗题字，背面刻广闻撰写的《御书亭应梦名山记》。清僧石奇云诗："青山曾梦入昭陵，图画分明觌面呈。千载御书灵气在，一亭空翠万峰晴。"亭多次毁建，建于清光绪二十年（1894）的御书亭，1941年被日军烧毁，仅存石碑残垣。1953年后，御书亭作了多次修缮，并于1981年5月大修。

雪窦寺

雪窦寺全称雪窦资圣禅寺。它是禅宗名刹，佛教圣

雪窦山

地。据清《雪窦寺志》记载：晋时有尼结庐山顶，名瀑布院。唐会昌元年（841）移建今址，改名瀑布观音院。唐景福元年（892）大规模扩建，建筑面积6000平方米，寺田90公顷，宋咸平二年（999），宋真宗赵恒赐名雪窦资圣禅寺。景祐四年（1037），仁宗梦游是山，遂号应梦道场。淳祐五年（1245），理宗赵昀赐书"应梦名山"，香火鼎盛。南宋宁宗（1195—1224）时制定禅院等级，列为"五山十刹"中十刹之一。后历经兴衰，寺宇屡毁屡建。雪窦寺梵宇宏伟，有天王殿、大雄宝殿、弥勒殿、法堂、藏经阁、方丈殿等。寺内有据传为黄巢墓的含珠林、龙珠桥和张学良手植的"将军楠"等。位于寺西南不远处还有华林讲寺和太虚讲寺。2007年，露天弥勒大佛落成，配套建成了六佛景区。园区面积52公顷，由东、中、西三条轴线组成。设大佛核心区、佛礼朝拜区、弘法共修区、文化体验区、休闲养生区、旅游购物区等 6 大功能区。

妙高台

妙高台位于千丈岩西首的天柱峰，海拔 396 米。顶上有坪如台，约 350 平方米，名妙高台。四周千仞绝壁，万丈深渊；云雾四合，如置仙境；凭栏四眺，松涛盈耳；近峦远岗，仪态万千。台下为亭下湖，波光岚影，别有风情。宋代楼钥《妙峰亭》诗："一峰高出白云端，俯瞰天涯千万山。试向冈头转圆石，不知何日到人间。"清初，妙高台北首，建栖云庵。清雍正四年（1726），筑石奇禅师舍利塔。1927 年，蒋介石在此建造三楹二楼别墅，并书"妙高台"匾额。蒋介石所建别墅大门内两边平房各 1 间，平顶阳台。天井后有 3 间 2 层楼房，楼上水泥走廊与阳台相连。其后平房 3 间与围墙连成一体，总建筑面积 436 平方米。右侧山岩并列亭子 2 座，曰"栖云亭"与"晏坐亭"。前建有观赏平台，设置观景栏杆。四周名木古树郁郁苍苍，生机盎然。1968 年秋，妙高台建筑被毁，1987 年国家拨款重建。

雁荡山

小时上地理课还没讲到雁荡就望文
生义许多横山侧岭奇想那见定是群
鸟翩翔宿风声与雁交鸣
芦花苦雁细争妍飘之洒之扬之漫
山峰千奇不陷之摇曳荡漾鹰茑雁
荡一般中国山名武严诨科带几分波
浪几分抒情
永嘉峰际卧鹰荡不是山峰旭华

概况

　　雁荡山名山公园主要依托雁荡山国家级风景名胜区。雁荡山位于东海之滨，在温州市北部的乐清市境内，地处东经 121°00'—121°15'、北纬 28°17′—

28°29′，距离温州市区80千米。东起羊角洞，毗连温岭市；南至芙蓉溪，襟带清江；西及锯板岭，与永嘉县接壤；北达仙姑洞，与台州市黄岩区相邻，南北长18千米，东西宽25千米，地域总面积450平方千米。因山顶有湖，芦苇丛生，结草为荡，秋雁宿之，故名雁荡，又名雁宕、雁山。雁荡山以山水奇秀闻名天下，素有"海上名山、寰中绝胜"之誉，史称"东南第一山"，名列"三山五岳"中"三山"之一。雁荡山融山水美学、历史文化、自然科学价值于一体，是其区别于其他名山大川的三大特色。1982年，雁荡山风景名胜区被国务院评为首批国家重点风景名胜区。

雁荡山区域生态环境属山岳到滨海生态类型，景区范围及其自然延伸区分布着山林、溪流、湿地、滩涂等不同的生境类型，多样性物种和多样性自然生态环境并存。植物区系属华南与华东两大区系的交汇地带，具有过渡性。雁荡山区域土壤属中亚热带常绿阔叶林红壤和黄壤地带，植被茂盛。雁荡山动植物物种丰富多样。雁荡山的植物资源有比较高的科研价值和保护价值，属国家一、二级保护植物的树种有南方红豆杉、银杏、水杉等19种。雁荡山已知的鸟类有19目56科292种，其中夏候鸟43种、冬候鸟104种、留鸟98种、旅鸟47种，属国家保护动物的一、二级珍禽有42种。兽类共有22科53种，其中珍稀物种有云豹、豹猫、大灵猫、小灵猫等。淡水鱼类有16科49种。另有贝类44科82种，甲壳类水生动物3目17科74种。

地质构造上，雁荡山形成于1亿多年前，是中国沿海中生代火山岩带中一座最具完整性、典型性的白垩纪流纹质破火山。山体以流纹岩地质构造为主，形成锐峰叠嶂、石门柱峰、奇岩怪石和岩洞、天生桥、飞瀑深潭、溪涧幽谷等众多地貌景观的组合。

自然之美

  雁荡山地形复杂、景象丰富、一景多像，构成了其奇特的山水美学特点。独特的流纹岩在造型上奇特的形态及其有机组合，构成峰、嶂、洞、瀑、门等变幻无穷、

灵峰秀色　林茂招摄

气势逼人的景观形象，给人以强烈的美感和灵感。雁荡山的山水美还在于雁湖冈、龙湫背之雄，方洞栈道之险，仙溪、清江山水之秀，初月谷、鸣玉溪、灵岩及诸多洞穴景观之幽奥形象。诸多景观中，"雁荡三绝"是最为人称道的。

灵峰

灵峰是雁荡山的东大门，也是雁荡山最华美的乐章之一。来雁荡山一定要看灵峰夜景，灵峰夜景是雁荡山的三绝之首。每当夜幕降临时，白天看似普普通通的山峰就会披上神秘的盛装，令游客感觉如入仙境一般。

灵峰夜景的朦胧美妙不可言，常为游人津津乐道，"灵峰日景耐看，夜景更销魂"。白日里的奇峰怪石在夜幕衬托下，如经魔术师点化，万千形象，惟妙惟肖。朦胧了草木的色彩，只剩下黑白的对比，望去似一幅水墨画，映在天幕上，千形万状，形态栩栩如生，美不胜收！"牛眠灵峰静，情侣月下恋，牧童偷偷看，婆婆羞转脸。"这就是灵峰夜景留给游客的无限遐想。

灵岩

沿着徐霞客的足迹重游雁荡灵岩景区，这里的每一处都让人惊叹，整个灵岩景区更是雁荡山的灵魂和核心，峰峦雄壮浑庞，绝壁回环，古洞诡异，鬼工雕镌，形态万变。"雁荡冠天下，灵岩尤绝奇"，灵岩被誉为雁荡山之"明庭"。天柱之雄伟，展旗之阔大，天窗之幽异，龙鼻之奇幻，卓笔之秀锐，独秀之孤拔，玉女之撑妖。双鸳之翔舞，无不令人叫绝。

灵岩飞渡是雁荡山景区的三绝之一，无论是刮风还是下雨这里都会有精彩的飞渡表演。先是一人从高空依靠一根绳攀岩而下，"游走"在雁荡山的悬崖峭壁间，中间还穿插几个惊险动作，或是一鼓作气一溜而下至岩壁几十米的高度，最后稳稳落地，毫发无损，令人称绝。据了解，灵岩飞渡表演始于1916年，最早起源于农民上山采草药，后来演化成现在的高空飞渡表演，在天柱峰和展旗峰之间悬挂着一根钢索，表演人员除了横空表演外，还要在270多米高的天柱峰顶用缆绳悬空而下表演。

大龙湫

大龙湫瀑布为浙江省雁荡山胜景。它与贵州黄果树

大龙湫瀑布　朱惠民摄

瀑布、黄河壶口瀑布、黑龙江吊水楼瀑布并称中国四大瀑布。

大龙湫犯以其落差为 190 余米取胜，为中国瀑布之最，有"天下第一瀑"之誉。瀑流发源于百岗尖，流经龙湫背，从连云峰凌空泻下，像从银河倒泻下来，十分壮观。大龙湫的最奇绝之处，在于因季节、晴雨等变化而呈现出多姿多彩的迷人景象。盛夏季节，雷雨初过，大龙湫像一条发怒的银龙，从半空中猛扑下来，声如雷鸣，震天撼地，气势雄壮。在晴朗的冬日，瀑流从半空中飞溅而下，阳光照射时，瀑布呈现出色彩绚丽如五色长虹般的奇观，景色格外迷人。在阳春三月，大龙湫又是另一番景象，雨水稀少，瀑布如珠帘下垂，不到几丈，就化为烟云。大龙湫瀑布真是千变万化，不可捉摸。

🔊 人文荟萃

雁荡山有着丰富的人文底蕴，作为名列"三山五岳"的"三山"之一，其美誉度和影响力是全国性的。

雁荡山独特的山水自然景观吸引着无数的文人墨客前来览胜观光，留下了丰富的文化遗产，蕴藏在建筑、宗教、摩崖石刻、名画名作、文学艺术等多个领域。众多文人墨客赋诗题词留下旅游散文、诗词近万首（篇），摩崖石刻 400 余处，组成雁荡山丰富的人文景观，积淀了千年宗教历史和山水文化。

摩崖石刻

在雁荡山的诸多文化遗存中，摩崖石刻有着举足轻

小龙湫　金子友摄

重的分量，亦是历史文化名人的履踪见证。据调查统计，雁荡山风景名胜区摩崖石刻刻于唐代的有 4 处，宋代 66 处，元代 2 处，明代 59 处，清代 38 处，民国时期 87 处，新中国成立以后的有 112 处，年代待考 45 处。摩崖石刻主要分布在"二灵一龙"（指灵峰、灵岩、大龙湫三大景区）。灵岩龙鼻洞的摩崖石刻有 94 处，享有"雁山碑窟"之称。灵峰古洞左侧有党和国家领导人江泽民、李鹏的题字、题句数处，最为夺目。

佛道遗址

从东晋诺诅罗驻锡雁荡开始，宗教在雁荡山逐渐传播，人们对雁荡山的认识不断加深，入山人数不断增多，土木建设也随之兴起。据《雁荡山志》所载，历史上雁荡山曾有二十一寺、六庙、十一庵、三堂、十院、二十二亭，建筑种类涉及庙宇、庵院、亭、阁、楼、轩等。由于自然和人为的原因，能原貌保存下来的人文景观数量不多，更多的是历经翻修重建后的名胜古迹。至21世纪初期，山中仍错落着能仁寺、飞泉寺等寺院庙宇，古色古香的亭院古桥、古村落以及名人故居、墓址等胜迹，成为雁荡山充满人文气息的重要组成部分。

自南北朝开发以来，尤其是两宋时期，雁荡山名声大振，文人墨客到比游历，僧侣道士建寺院立观，山民开山辟路，雁荡山中因而留存众多寺庙道观、桥梁、故居、亭廊等建筑。

雁荡山在南宋时已有"十八寺"之称。明初有《十八寺》诗，后世称为《十八古刹诗》。"十八古刹"建于唐代和北宋，分布于贯穿旧称东内、东外、西内、西外四谷的游山主干道沿线，处于雁荡山风景区腹地，各寺周边大多景点密集。至2023年，消失已久且无遗迹的有6座（凌云寺、古塔寺、石门寺、华严寺、宝冠寺、天柱寺），寺宇或遗迹尚存的有12座。12座古刹中，有僧人常住、佛事活动正常的7座；改作他用的5座，其中改为民居的1座（瑞鹿寺）。现在依然进行正常佛事活动的有本觉寺、能仁寺、灵岩寺、罗汉寺、普明寺、石梁寺、双峰寺、净名寺、真际寺。

雁荡山早期道教徒以岩洞和茅草屋为修炼场所，加上他们修炼活动的隐秘性，除了仙人洞和羊角洞，其他早期道教场所都没有留下遗址，有的道教场所由于时间过久被演变成为神话传说而隐没了具体的地理位置。雁荡山有明确的道观建筑开始于清中期，至清末全山有道院6座，其中有4座依岩洞而建。有些道观因为各种原因改为佛教或民间信仰场所。至 2023 年，主要道教道场有北斗洞、玉蟾宫、玉清宫等。

文学作品

最初一批描写雁荡山的文学作品均出自外来诗人之手。传世第一首诗是南朝宋谢灵运的《从斤竹涧越岭溪行》。今存最早的纯文学性质的游记散文是元代本土文人李孝光的《雁山十记》。入宋以后，外来文人到雁荡山渐多，作品也随之增多。南宋以后，本土文学艺术作品也不断涌现。在描绘雁荡山的文学作品中，有少数作者并未到过雁荡山，如宋代的苏轼、陆游，他们或因题画，或因咏物，或因酬赠，写过一些与雁荡山有关的诗词作品，可谓神游之作。明代是雁荡山散文最繁荣的时期，当时一批顶尖的游记作家，如徐霞客、王士性、何白、王思任等，都写过雁荡山游记。徐霞客曾三游雁荡，留有两篇游记散文。清代雁荡山散文名家如戴名世、方苞、袁枚，温州本土作家如方尚惠、施元孚都写有大量文学水准很高的游记。20 世纪 30 年代以后，开始出现以白话文写作的雁荡山游记，其中郁达夫的《雁荡山的秋月》和萧乾的《雁荡行》为名篇。雁荡山楹联真正为景区而题的并不多，流传至今的、可考证的更少。而清代江弢叔"欲写龙湫难着笔，不游雁荡是虚生"一联则逐渐演变成雁荡山的广告词。

绘画与书法

今存最早的雁荡山题材中国画是宋代赵宗汉的《雁山叙别图》。宋代后，雁荡山水不断进入画家笔下，据称宋代周邠任乐清知县时，也曾画过雁荡山图寄给苏轼。元有黄公望《龙湫宴坐图》、李昭的《雁荡图》长卷。明清两代，雁荡山题材的绘画作品已知存世的，明代有文徵明、谢时臣、朱邦采、叶澄、李流芳、何白、黄道周、杨文骢等人的画作，清代有汤斌、项昱、钱维城、章声、曾衍东、蔡家挺、胡九思、项薝、戴熙、江彀叔等的作品。而近现代，到雁荡山游览作画的画家更是络绎不绝，先有林纾、马骀，后有黄宾虹、张大千、潘天寿、李可染、陆俨少等一大批山水画大家创作了多幅以雁荡山为题材的作品，且不少画作已经成为现代美术史上的名作。众多文人墨客中亦有书法大家名手，他们以笔墨传写雁荡山水、人事，留下众多书法作品，留存于摩崖石刻、楹联匾额、墨迹拓片、图书文献中。雁荡山留存的相关书法作品，书体齐全，正、草、隶、篆、行五体具备；风格、形式多样；字体大小不一，有字大径尺的摩崖题刻，有蝇头小楷的诗稿；内容丰富多彩，文字有长有短，长的多达几千字长卷，短的只有数字题词；较多作品为书法大家所书，艺术价值很高。

莫干山

莫干山位于浙江省北部德清县境内素来国家级风景名胜区因春秋末年吴王阖闾派干将莫邪于此铸成雌雄二剑而得名在我国书名春假世无双的峻峰宝剑历史悠久。旅游休闲避暑胜地绿荫如海的竹修竹请激不绝。山泉星罗棋布的别墅罗列合异的迷人风光称秀于江南享有江南第一山之美誉

◎　陈荣兵《莫干晨曦》（局部）

概况

莫干山名山公园主要依托莫干山风景名胜区。莫干山位于浙江省西北部湖州市德清县境内，系天目山之余脉，中心地理坐标为北纬 30°34′，东经 119°51′。南距杭州 60 千米，东北距上海 200 千米，北距南京250 千米、苏州 140 千米。越境而过的杭宁高速公路、

杭州绕城二环高速、杭宁高铁、宣杭高铁、杭德城际铁路等，与沪宁、沪杭等主干线形成环太湖旅游圈，莫干山成为旅游圈内重要节点。

莫干山地层以侏罗系火山岩为主，下古生界地层围绕莫干山体的北东外缘及东南侧分布，第四系沉积主要在山间低洼地及溪谷两侧。岩石按成因及相互间关系分为火山喷发岩、侵入岩及派生脉岩。地质构造主要形迹为断裂，按构造线方向分为北东、北北东、北西向构造。

莫干山有3条水系：余英溪、阜溪、埭溪。余英溪主要支流有双溪、盘溪、石扶梯水和石颐水。阜溪主要支流有何村水、高峰水、平岭水和青山关水。埭溪主源有横岭水、福水，二水合流后，经莫家坎、后洪、东山、湖家埭，从东北出德清县境，注入东苕溪。风景区内还有对河口水库、石颐寺水库等。

莫干山位于北亚热带南缘，受地理位置、地形、植被等影响，打破气候地带性分布规律，形成明显立体气候，山上至山下，光、热、水呈显著垂直变化。莫干山年最高气温未超过36摄氏度，最热月（7、8月）平均气温为24摄氏度，年降雨量为1682毫米，年平均相对湿度为80%，得天独厚的气候条件，使莫干山成了国内少有的避暑胜境，七八月盛夏时节，山下高温酷暑，山上凉爽如秋。春季，为冬季风向夏季风转换季节，风向多变，气温波状上升，雨量多。夏季，受副热带高压控制，盛行东南风，水汽丰沛，清凉宜人。秋季，为夏季风向冬季风转换季节，气温波状下降，前期多雨，后期秋高气爽。冬季，因受地形影响，西北风相对减弱，少风雪严寒，但也时现"雨凇""雾凇"景观。

莫干山森林覆盖率高达93.5%，植被类型主要有：毛竹林、灌木林、马尾松林、茶园、杉木林、金钱松林等，以毛竹林为主。莫干山野生动物众多，据调查统计共有152科377种，列为二、三类保护动物以及珍贵禽鸟的有20余种，如黄麂、猴面鹰、灵猫、穿山甲等。莫干山植物区系复杂，种类繁多。据调查统计共有115科621种，其中有众多二、三级保护动植物。

自然之美

莫干山以"竹、云、泉"三胜，"清、静、凉、绿"四优而驰名中外，风景资源特色可以概括为：避暑胜地、竹海胜景，与庐山、北戴河、鸡公山齐名，为我国四大避暑胜地之一，有"清凉世界"之美誉。

塔山

塔山为莫干山之顶峰，海拔 718.9 米。五代后晋天福二年（937）曾在山上建塔，故名塔山。塔山山巅平坦，

莫干山雪景

山坡绿荫环绕，盛夏无暑意。登山四望，峰峦罗列，拱揖于前，太湖波平如镜，湖上山岛如青螺浮现水面，历历可数。运河如带，天目如屏，钱塘江绕其东南入海。

此山是莫干山最高峰，观看日出和云海都是绝佳。清晨登上塔山，凭栏静待，突然东方的云层轻轻一颤，云层中抛出一丝光束，让人忍不住感慨大自然的美。夏日雨后，是观赏莫干山云海胜景的最佳时刻。登上塔山，四望白雾氤氲，云团缭绕，脚下的云海，仿佛是一部无声影片，正在以缓慢的速度放映着。漫无边际的云，如临大海之滨，波涛汹涌，气象万千，云雾掩映下，一幢幢山间别墅若隐若现，往日鲜活的建筑此刻仿佛蒙上了一张神秘的面纱，让人想要一探究竟。相比云海，日出或日落时的霞海又蔚为壮观。太阳的余晖与云海交相辉映，形成独特的光影效果，给人强烈的视觉冲击，仿佛一幅流动的水墨画。

剑池

莫干之美在剑池，剑池之美在飞瀑。

剑池上面有一座小石桥，名阜溪桥，又叫飞虹桥。桥的石柱两旁是陈毅《莫干山纪游词》中的两句：夹道万竿成绿海，百寻涧底望高楼。剑池飞瀑涤俗虑，塔山远景足高歌。

剑池的石壁上，铭刻有"剑池"两个遒劲的大字。从剑池之阜溪桥上向下眺览，悬崖巉岩之间的剑池飞瀑尽收眼底。剑池飞瀑共分 3 叠，溪水冲出阜溪桥下，猛然间跌落二三丈，注入潭中，形成剑池飞瀑的第一叠。瀑布注入剑池后，稍作停蓄，水势益壮，又一次跌水，高达 10 米，颇为壮观，这便是剑池飞瀑的第二叠，亦是主瀑，前人所写"飞泉裂石出，浩浩破空来。万壑留不住，化作晴天雷"诗句，描绘的正是这种景色。剑潭而下，水流又被束成一股短瀑，溪水逶迤远去，消失于翠竹丛中，这就是第三叠。剑池飞瀑，远眺若一匹素练，窈窕多姿，不论俯视仰观，各呈奇姿，趣味无穷。

站在剑潭边上，仰观瀑布，又是另一番景象：只见飞瀑临空，珠飞玉碎，寒气袭人，动人心魄；俯视剑潭，潭中烟峦兀立，树影婆娑，似别有洞天。

无论春夏秋冬，阴晴晦阳，剑池飞瀑千变万化，奇景迭出。有时如一线悬空，可随风飘散；有时如匹练下垂，凝然不动；有时又如苍龙入海，腾挪飞跃；有时大雾弥天，瀑布潜形，唯闻水声，不见其态；有时晨雾未散，谷中紫烟弥漫，瀑布若隐若现；有时月光照临，山色朦胧，瀑布闪出熠熠银光。

剑池左侧有一石级，拾级盘旋而上，可达观瀑亭，

竹海（怪石角）

它不仅是观赏剑池飞瀑的极佳处，亦是观看日出的好地方。

竹海

莫干山风景区有竹林 19 万余亩，无边无际的竹林构成竹的海洋。竹品种繁多，有毛竹、刚竹、水竹、紫竹、凤尾竹、苦竹、斑竹等 20 余种，丰富的竹类植物资源，形成莫干山独特的秀丽多姿的竹林景观。

从山脚到山顶，无处不在的竹林郁郁葱葱，四季常青，形成一片波涛壮阔的绿色海洋。在这片竹海中，莫干山的瀑布和湖泊更是如诗如画。

◢ 人文荟萃

莫干山还有众多人文遗迹，供人游览吟咏。相传春

莫邪干将

秋末年（约公元前514—前496），干将、莫邪夫妇受吴王阖闾之命在此铸成举世无双的雌雄双剑，因此命名为莫干山。

莫干山别墅群

"莫干山别墅群"是莫干山独有的特色景观。莫干山别墅分布在中华山、荫山、上横山、炮台山、金家山等地，至今尚存256幢。以西式乡村别墅为主，具各国风格，样式繁多，是国内迄今保存较完整的近代山地别墅建筑群之一，有"世界近代建筑博物馆"之美誉。早期莫干山别墅由英、美、法、德、俄各国人士兴建。后期以民国政要、工商富豪的别墅居多，因此也与中国近代历史的重要人物、重要事件有相当密切的关系，可以

莫干山别墅

形容为"一座莫干山，半部民国史"。莫干山别墅的美，不仅在于异彩纷呈的建筑景观，更在于每一幢都是"会说话的老别墅"，蕴藏着历史和故事。"莫干山别墅群"作为近现代重要史迹及代表性建筑，其中共有 43 处建筑被列为全国重点文物保护单位。

莫干山石刻

莫干山风景秀丽，山石壁崖上有众多摩崖石刻，最为集中的当属剑池景区，原因有二：一是剑池为山中名胜之首，每每游人莅山，无不前往，剑池之景致，幽深且富有古意，文人骚客往往触景生情，散缀成诗并题刻于壁崖；二是近代第一位剑池开拓者是南浔儒商周庆云，他依据古志记载，整理剑池景致，并营建"蓬庐"于剑池一侧，日日以山水芷兰为邻，每每游兴所致，总愿题刻于剑池壁崖，以致今日之大观。竹径幽深处，有面积达十余丈见方的"甲寿岩记"，整个石刻宏大平整，笔力雄浑自然，约 400 字，是南浔儒商周庆云六十寿辰时，文人白曾然为其所作。古道间还有"筼筜谷""石朋峰""云海""书藏""闻声入境"等题刻。还有马占山的"横磨歼虏"，这位被毛主席称作"始终如一、抗战到底的将军"在抗战遇挫之际，辗转来到莫干山，春秋宝剑的故事让他联想到国难当头，于是刻石明志。1986 年在芦花荡公园修建了莫干山碑林，有著名书法家沙孟海为碑林题名。

天池禅寺

莫干山的寺院肇始于南朝，发展于唐宋，鼎盛于明清，凡较为引人注目之峰几乎都有一座寺院。天池寺为莫干山地区"五大丛林"之一，是莫干山上非常典型的一座寺庙。

天池寺，元至顺年间，翁信禅师开山。

明嘉靖年间，玉芝禅师驻锡时，王阳明曾莅此讲学并留宿，僧俗慕名追至，时任武康知县余榮一行也曾登山访玉芝禅师。玉芝禅师圆寂，立骨塔，徐渭为之作传，蔡汝楠撰塔铭。

明崇祯年间，抱璞禅师驻高峰山麓净名庵，后兼理天池寺，重修大殿。天池寺几经兴废，很长一段时期内，莫干山全山只此一寺，且是山中仅存的古代建筑，寺中还有奉安历代住持的墓塔，在中外避暑人士眼中，为东方精神文化的象征，曾被上海启东烟草公司设计成《莫干山风景》烟画。

提起天池寺，近人的第一印象是寺前的两棵古银杏，有入寺者尝过寺僧不辞劳苦用梯子靠在墙上摘下的银杏果，民国时人周庆云之孙周世述《莫干山游记》云："山半有寺曰天池，寺外两银杏，干大数围，密叶帱张，栖鸦晨鸣，若相迎然。"

可惜其中一棵于20世纪60年代遭雷击已锯去，今剩一棵，拔地广庭中，一望而知为数百年前物。天池寺大殿重建过程中，为保护这棵古树，大殿北移1.5米，正如园林大家陈从周所言，"让一步可以立根"。

稽山罨霭郁嵯峨 稽山之巔美玉水
相映锺灵毓秀多 明人劉伯溫之渌溪東南
四五之美者莫石會稽在横亘直前
東六曲十二百七里迤邐竟雷山奉明望山曲
爐峰巻舒雄峙千巖竟秀萬壑争流
草木蒙笼其上若云興霞蔚

陈智

◎　陈　雷《稽山春意》（局部）

概况

　　会稽山名山公园位于浙东丘陵山地和浙北平原两大地貌的交接地带。山体属仙霞岭分支的会稽山脉，位于山脉中北部。会稽山脉南北长百余千米，东西宽约 35

千米，平均海拔约 500 米，主峰东白山海拔 1194.6 米，位于东阳、诸暨、嵊州三地交汇处。地势为由南向北倾斜，地形复杂，主要山峰：龙头顶（为第一高峰）海拔 732.8 米，龙塘岗海拔 717.2 米，骆家尖海拔 688.8 米，月华山海拔 576.3 米，秦望山海拔 543.6 米，香炉峰海拔 354.7 米，大笠帽海拔 342.6 米，大老鼠塔海拔 314.9 米，朝南门堂海拔 276.5 米，大炮头顶海拔 273 米，石旗山海拔 236 米，石帆山海拔 186 米。孤立小丘有：眠犬山、眠牛山、土山等，海拔均在 50 米以下。

会稽山的水系属钱塘江水系，年平均径流量 1105.17 万立方米，发源于会稽山内有若耶溪、筠溪、陶溪、月华溪等溪流 25 条，其中若耶溪、筠溪、陶溪分别汇于若耶溪和南池江，月华溪汇入舜江，自南向北汇入绍兴城区平原河网，构成发达的平原河网水系。若耶溪发源于会稽山名山公园秦望山东侧若耶山，全长 26.6 千米，最宽处 160 米，最窄处 16 米。筠溪发源于秦望山妃子岭，全长 4.8 千米。陶溪发源于香炉峰，全长 1.3 千米。名山公园范围内森林覆盖率高，山涧溪水终年不断，水质纯净。

会稽山是绍兴地形骨架的脊梁，文化底蕴深厚，自然风光秀丽，资源禀赋独特。会稽山因大禹治水在此会诸侯，计功行赏而得名，为古代中华九大名山之首、华夏"五镇"之一的南镇，是佛教和道教重要胜地，浙东唐诗之路门户，也是中国农业文明的起源地和农耕文化的传承地。

自然之美

会稽山景观之美，美在秀丽的山水风光。登临高处，可见群山连绵，千山一碧，山明水秀，宛若仙境。晋朝顾恺之说会稽山水是"千岩竞秀，万壑争流，草木蒙笼其上，若云兴霞蔚"，东晋名士王羲之、谢安等都因"会稽有佳山水"而定居绍兴，南朝诗人王籍咏会稽山的诗句"蝉噪林逾静，鸟鸣山更幽"传颂千古。

炉峰晨韵 夏先龙摄

香炉峰

会稽山有著名的香炉峰，它是会稽山诸峰之一，相传山上有"金简玉字之书"，夏禹发之，得"知山河体势"，终于治平洪水。香炉峰海拔354米，位于大禹陵景区的西方，因峰顶岩石状如香炉而得名。每逢阴雨天气，山顶雨雾迷蒙，烟霭缭绕，如香炉的青烟。沿着这一千七八百级石阶曲折盘行直上山脊，先后可看到巍峨的大雄宝殿、小巧的四面观音殿、思远塔等宗教性建筑。香炉峰在绍兴人眼里不仅仅是一座山，它是海拔354米的南天竺境地；是形似香炉的越中十二胜景之一；是雨雾迷蒙，烟霭缭绕的"炉峰烟雨"。登上香炉峰顶可以俯瞰绍兴全城，视野开阔非常壮观，与上山过程中云遮雾绕宛如仙境的感觉又形成了鲜明对比。

植被天堂

会稽山范围内森林茂密，植被景观多样，自然资源突出，生物多样性丰富，共有高等植物705种，其中国家Ⅱ级重点保护野生植物4种；脊椎动物344种，国家Ⅰ级重点保护野生动物2种，国家Ⅱ级重点保护野生动物22种。国家级森林公园的建设管理，有利于更好地保护森林风景资源和生物多样性，促进森林多种功能的充分发挥。会稽山也是全球重要农业文化遗产——会稽山古香榧群所在地。森林公园内的月华片区是会稽山古香榧群的重要组成部分，香榧集食用、药用、油用、材用、观赏和环保等功用于一身，是会稽山区农业文化发展和兴盛的标志。绍兴会稽山古香榧群面积约402平方千米，会稽山香榧栽培历史悠久，区域内有树龄百年以上的古香榧 7.8 万余株，千年以上的有近百株，现存最古老的香榧树活体树龄已达 1577 年（2012 年测定）。会稽山古香榧群将自然景观、人文遗迹、农耕文化等特色资源串联为一体，成为中华森林文化的重要内容。

香榧古道

会稽山香榧还催生出一条著名的"香榧古道"。这是一条上千年来从会稽山香榧产区采收香榧，运往香榧集散地枫桥，然后再销往全国各地的古道，也是将会稽山脉的古香榧群、自然景观、人文遗迹、农耕文化、宗教文化、古村落、休闲农庄等资源串联为一体的古道。

自然景观：位于"千岩竞秀，万壑争流"的会稽山脉，古道区域奇峰怪石、峭壁幽洞、峡谷深涧、飞瀑流泉、茂林修竹等山水风光秀美，有走马岗、龙头顶、龙鳞壁、双溪清流、赏月湾、寒天佩瀑布、斗坑双瀑、月华峡谷、三坑湖、饮马池等自然景观，并建有香榧会馆、石牌坊、

白雁坑村古香榧林

竹牌楼、古月亭、赏榧亭、越州亭等人工景点。

人文荟萃

　　会稽山被列为我国历史文化名山，范围内的全国重点文物保护单位有大禹陵、兰亭、富盛窑址、宋六陵、汉建初元年买地刻石、印山越国王陵、王守仁墓、舜王庙、绍兴越国贵族墓群、斯氏古民居建筑群、东化城寺塔等11处，文化资源是会稽山的灵魂。

大禹文化

　　大禹在此地所行的祭祀、会盟、婚姻、丧葬这四件

大禹纪念馆

大事，均与中国第一王朝（夏朝）的崛起有关，这是会稽山得以在历史早期一直雄踞于中华九大名山之首的根本原因。在今天的会稽山核心区内，还保存着有关大禹的众多古迹，如禹陵、禹庙、禹穴、禹井、窆石等。以大禹陵、禹庙、禹祠为主体，会稽山还形成了祭禹文化。《史记·夏本纪》记载大禹东巡时卒于会稽，归葬会稽山麓。其子启继位后，"使使以岁时春秋而祭禹于越"，以后历经数千年承传不绝。公元前 210 年，秦始皇"上会稽，祭大禹"，成为第一位亲祭大禹的皇帝，开创了祭禹祀典的最高礼仪。汉代复大禹后裔为越王以奉禹祀，此后宗室族祭不断，历朝皇帝和地方官员也多特祭。2006 年，"大禹祭典"入选第一批国家级非物质文化遗产名录。2007 年，国家文化部首次批准将祭禹典礼由文化部和浙江省政府共同主办，绍兴市人民政府承办。大禹祭典从此成为"国祭"，形成了"北有黄帝陵，南有大禹陵"的中华民族祭祖格局。

炉峰禅寺

炉峰禅寺，古称天柱精舍、天柱山寺，又叫南天竺，以观音道场闻名遐迩，有"越中佛国""天竺胜境"之称。香炉峰旧有观音峰、观音殿等遗址。历史上，香炉峰寺院屡经兴废。宋代，寺院供奉玉雕观音像，始称"南天竺"，王十朋、陆游等曾入寺瞻仰，留下诗篇。明时，寺院一度为比丘尼修持之所。清代，寺院又称"螺庵"，因寺前巨石环抱，直竖似炉，逆旋如螺，故名。光绪七年（1881），寺宇重建。如今的炉峰禅寺经过多年修缮，是一大佛教建筑群，依山而建，乘势而上，宏伟逶迤，

大香林·兜率天景区

浑然天成。山下有大雄宝殿、天王殿，三门殿、钟楼、鼓楼、报恩堂、会贤楼、方丈院、藏经楼、东西厢房、放生池，山腰有四面观音殿、焚香房，山顶有观音宝殿、三圣佛殿、大悲楼等。

　　除了炉峰禅寺，会稽山还有许多其他宗教文化遗产，就宗教文化的视角而言，会稽山核心区可以划分为二个分区：第一以炉峰禅寺和龙华寺、显圣寺、平阳寺、云门寺、天衣寺、嘉祥寺等名寺为佛事活动的佛教文化。该区域为市区佛事活动的主要场所，山上寺院毗连、宝塔高耸，可视为"佛教文化区"；第二是宛委山阳明洞天和若耶溪，历史上分别为道教的第十洞天和第十七福地，可视为"道教文化区"，还有富盛镇诸葛山、西白山葛仙翁庙、稽东玄坛庙等道教遗迹。

诗文碑刻

　　文人墨客在会稽山留下诗文的风气，形成于六朝，繁荣于唐宋，会稽山是中国山水诗的重要发祥地之一，历代文人雅士所留下的众多佳丽诗文，使稽山耶溪声名远播，从而成为"浙东唐诗之路"上的精华段，历史上有470多位诗人留下3000多首赞美会稽山的诗篇。

除了诗文，碑刻也是会稽山的一大特色。大禹陵会稽刻石是秦代碑刻，秦始皇南巡会稽时由丞相李斯所书，俗称"李斯碑"。它是禹陵碑廊内最大的石碑。正文共二百八十九字，小篆阴刻，碑文曾被石工磨去，现在看到的是乾隆年间，由绍兴知府李亨特复刻之碑。此碑于1987年由原府学宫（今绍兴稽山中学）移置于大禹陵碑廊。禹陵窆石，相传是夏禹的下葬工具，石上有从汉代到民国题刻20余处。一般认为窆石东汉时已存于此，石身上最难以辨识的古篆刻字则为展祭之文。然而究竟立于何时，至今依然未有定说。同时，窆石上有宋代至民国时期题刻一九帧可以确认，其中宋代二帧，元代一帧，清代十五帧，民国一帧。岣嵝碑又称禹碑、禹王碑、神禹铭，在禹庙岣嵝碑亭内。碑文由77个字组成，是讲述大禹功绩的珍贵遗迹。因其碑文字体形似"蝌蚪"，所以后人称之为"蝌蚪文"。碑高2.85米，宽1.38米，以亭覆之，系明嘉靖二十年（1541）绍兴知府张明道据宋嘉定何致岳麓书院摹本翻刻，原刻于湖南南岳衡山岣嵝峰，故称"岣嵝碑"，原迹已无存。石亭是咸丰四年（1854）为保护此碑而建。

会稽山的这些文化元素既丰富了其本身的文化内涵，吸引着八方游客前来游玩，也作为地方文化基因，哺育了一代代绍兴人。

大盘山

大盘山位於浙中磐安，素稱群山之祖諸水之源，系天台山、會稽山括蒼山仙霞嶺之發脈，霞為錢塘江、曹娥江、靈江、甌江之主要發源地。梁普通六通年間昭明太子蕭統棄蔦炙如一葉，避邐於大盤山麓，以山水之清音澆洗愁陽，並開闢藥園為百姓制藥治病，後來百姓在大盤嶺頭立廟尊之為藥祖盤山聖帝，現為國家級自然保護區。

癸卯秋陳心昌題

◎ 陈心昌《山祖水源大盘山》（局部）

概况

　　大盘山名山公园范围为中心区大盘山国家级自然保护区和辐射区即保护区周边安文、大盘、盘峰、双峰等8个乡镇（街道）。浙江大盘山国家级自然保护区位于

山祖水源大盘山　癸卯初秋　陈忠昌

浙江中部磐安县大盘山区，以野生药用植物资源及其原生地森林生态系统为主要保护对象，总面积4558公顷，其中森林面积4370公顷，森林覆盖率95.9%。

大盘山脉总体呈北东—南西方向延伸，处于华南褶皱系（Ⅰ级）浙东南褶皱带（Ⅱ级）内北东向丽水—宁波深断裂带之中部，历史上火山活动强烈，出现过大规模的岩浆喷发和侵入活动，形成区内厚度大、分布广的爆发相火山碎屑熔结凝灰岩。大盘山地形切割剧烈，相对高差大，常构成深沟狭谷，悬崖陡壁；溪流落差较大，形成雄伟壮观的瀑布。

大盘山气候属亚热带季风气候区，四季分明，雨量充沛，热量丰富，相对湿度较大。由于地形复杂，垂直高差大，形成丰富多样的小气候。

大盘山是钱塘江、瓯江、椒江和曹娥江四大水系主要支流的发源地。区内河流水系发育比较健全，长年流水的河道有花溪、始丰溪、牛路溪等6条主要溪流，由山区中部呈放射状扩展分布。

大盘山土壤主要有红壤、黄壤、水稻土3个土类；黄红壤、黄壤、浸蚀型黄壤、渗育型水稻土、潴育型水稻土5个亚类；黄泥土、粉红泥土、山地黄泥土、山地石砂土、山地黄泥田、黄泥田、洪积泥砂田、黄泥砂田等8个土属及11个土种。

📢 自然之美

大盘山自古为名山，特色景观资源丰富，罕见的火山遗迹、奇特的山峰和象形岩石、雄壮的瀑布、秀丽的碧潭、茂盛的森林古树等山水风光在此融为一体。主峰山顶平旷，势拔群山，朝阳晚霞、霜雪雨雾、晴云星月，万象变幻，清孔椿有诗赞大盘山顶"巍巍数万仞，中凹似仰磬，足蹑浮云上，天风六月寒"；环顾四周，层峦远去，溪涧似带，山居村落隐隐约约，是登高览胜的好去处。

大盘山区域内的植物区系具有"植物种类丰富，区系起源古老、地理成分复杂；亚热带区系性质，华东地区类型；特有属种及珍稀植物较多"的特点，是传统道地中药材"浙八味"中元胡、白术、白芍、玄参、贝母（习称"磐五味"）的原产地，是我国东部药用植物野生种或近缘种最重要的种质资源库，素有"天然药材宝库"之称。记载有浙产道地植物类药材19味，以及野荞麦、短萼黄连、大叶三七、六角莲、三叶崖爬藤、细茎石斛、天麻等多种珍稀濒危药用植物。古树名木资源丰富，共有古树名木30科56属78种5581株，其中古树群151处3540株。

大盘山的主要景点有花溪风景区、百杖潭景区、高姥山生态文化度假区和火山天池等。

花溪风景区

花溪风景区（ＡＡＡ）距磐安县城 8 千米、距横店影视城 27 千米，以"赏亿年火山奇观，涉千米平板长溪"闻名。平板长溪总长逾 3000 米，裸露部分 1000 余米，整条溪底平如削，没有石子、淤泥与沙土，涉足溪中，溪水清澈，沁人肺腑，妙不可言！溪边两侧森林苍翠，奇峰异石，步移景异，引人入胜，溯花溪寻源而上，赏廊桥遗风，观小村炊烟。花溪是亲子嬉水、避暑的绝好去处。花溪景区作为磐安旅游的"开山之作"，有百花游廊、光影隧道、休闲长廊、灯光夜景等项目，实现日游 + 夜游的多维体验，让众多游客流连忘返。其中花溪夜游利用声光电科技手段，在璀璨的夜空下，实现"水与火"交融共生，深受孩童家庭喜爱，成为新网红。

百杖潭景区

百杖潭景区（ＡＡＡＡ）距县城 30 千米，距诸永高速磐安出口、双峰出口仅十几分钟车程，景区总面积 10.48 平方千米，以山险、石奇、瀑长、潭深、水清、洞幽、溪曲而闻名，是集自然观光、探险猎奇、生态休闲于一体的旅游区。主要景点有被称为"华东第一瀑"的百杖三叠瀑和仙风洞、大炮石、猫王石、仙翁送宝、龙门石阵等，"秀瀑孕深潭，绝峰育奇石，龙溪十八渡，石上四重天"是其景观的真实写照。其中百杖潭三叠瀑堪称江南一绝，其地势险要，上下三瀑相连，总高差 100 多米，峡谷中水声轰鸣、水雾弥漫，背日而站，但见彩虹横空，

百杖潭景区夕阳三唱　陈晓华摄

似入人间仙境。百杖潭还是影视剧爱好者的天堂，《陈情令》《新还珠格格》等大火电视剧都曾在此地取景。

高姥山生态文化度假区

高姥山生态文化度假区与神仙居国家重点名胜区毗邻，度假区内有浙中杜鹃谷、七仙湖省级湿地公园、杜鹃物种园、华顶杜鹃园、娘娘庙等景点以及菩提康体园、望景度假村、大地旅人、杜鹃客栈等设施。拥有我国东南海拔最高、数量最多的北斗星状和串珠状高山断层湖群，还有令人浮想联翩、美轮美奂的高山草甸。一年四季既有江南美景，又有塞北风光，山高气爽，湖光山色，翠染衣裳，云海日出，天上人家，是科普考察、避暑度假的极好去处。

火山天池

　　大盘山顶目前遗存有火山湖地质遗迹，火山湖位于大盘山尖以南 380 米、海拔 1160 米处，是我国东南部最高的高山湖泊之一，系地质历史上火山爆发和岩浆退缩塌陷而遗留下来的火山口积水而成，湖周水草遍布，茂盛而葱绿，也称天池。附近岩层倾角陡，向外趋缓，至平板溪近于水平；周围的岩层产状流纹岩层由火山湖中心较缓地向四周辐射，由火山湖向外岩石结构由粗变细，规律展布。

火山湖之春　　陈晓华摄

人文荟萃

大盘山人文历史悠久，连绵的大山中散落着许多古老的自然村落，民风淳朴，民俗古老而奇特。历史上有许多文人墨客把大盘山作为读书学习、修身养性的理想场所。南梁昭明太子曾隐居大盘山，潜心求学，编选《昭明文选》，在王隐坑、学田、利济等地教民种药，悬壶济世，被磐安人民尊称为"药祖"，俗称盘山圣帝；北宋孔子后裔孔端躬定居榉溪，传播儒学；东晋道教学者、著名炼丹家、医药学家葛洪曾在大盘山植药炼丹，至今留有遗址及其后代；唐朝羊愔弃官微服隐居大盘山，发现和食用野生香菇后，教乡里采摘为食并加以移植，羊愔因此被磐安人民称为"菇仙"。大盘山文化植根于高山秀水，在历史长河中不断发展和交融，呈现出神秘、粗犷、豪放、原生态的特点，并形成了以药文化、儒家文化、民俗文化等为代表的特色分支，彰显出深厚的文化底蕴，可谓博大精深、精彩纷呈。

大盘山拥有 1 处全国重点文物保护单位，5 处省级文物保护单位，9 处县级文物保护单位和 54 处文物保护点。区内有国家级非物质遗产炼火 1 项，省级非物质文化遗产高照马、乌龟端茶、磐安吹打、磐安先锋、磐五味中药材加工技艺、迎长旗、祭孔大典、高二七夕节等 10 项。

民俗文化

大盘山区的民俗文化气势恢宏。炼火是最具有地域色彩的一项活动，最早源于对火的崇拜，以火烧炼，达

双峰龙灯　姚建中摄

到驱邪祈福的目的。春秋时期，炼火民俗原型已产生，唐代以后磐安炼火固定在每年的重阳节晚上举行。举办炼火活动不仅为庆祝当年的收成，也是祈盼来年取得更大的丰收。磐安炼火活动通常由两部分组成，一是白天在乡村举行的各种民间文艺表演，如"铜钿鞭""罗汉班""走线狮子""女子花灯"等活动，男女老幼全民参与，为晚上的炼火表演烘托节日气氛；二是在晚上举行的宏大、壮观的炼火表演，表演时，参与者皆要赤膊赤脚，仅穿一条短裤，在通红的炭火上，手持钢叉高声呼号、勇猛奋进。2021 年 5 月 24 日，炼火经中华人民共和国国务院批准列入第五批国家级非物质文化遗产名录。

　　大盘山民俗文化还有诸多以"大"著称，有大旗、大凉伞、大祭马、大宫灯等。大旗旗杆高 30 余米，旗

炼火　厉金未摄

面可达 600 余平方米，上绘龙虎等图案，迎竖时需要
100 余名大汉齐心协力、共同完成。大凉伞兴于宋末元初，
围长 42 米，上端再加近 1 米的亭阁，各棱面凿出"马"
字花纹，祈求政通人和、风调雨顺。大祭马高近 18 米，
堪比五层楼高，起源于明代，每逢十年才祭礼一次。大
宫灯发轫于北宋年间，是集木工、木雕、镂空、绘画等
于一体的综合性工艺艺术，1988 年国庆期间，两盏直径
8 米的大宫灯曾高挂在天安门城楼。

药材文化

　　大盘山拥有悠久的中药材种植历史，磐安县是"中
国药材之乡"，以盘山圣帝、盘山药园等为代表的药文化，
追根溯源可至南梁昭明太子萧统，传说昭明太子当年隐
居于此，倡寻乡民种植中药材，这才有了药乡的发端。
目前，磐安县是浙江省最大的中药材主产区和最主要的

中药材集散地,闻名全国的"浙八味"中有浙贝母、元胡、玄参、白芍、白术等五味(俗称"磐五味")产自磐安,"磐五味"被认定为国家驰名商标。

名山公园范围内还建有全省设施最完善、配套最齐全、规模最大的中药材集散中心——"浙八味药材城",有31个省份1300多种药材在这里流通,全省90%以上的浙产道地药材在这里交易。以药材城为核心区域规划建设的"江南药镇"是全省唯一以中药材传统产业为依托的特色小镇。

从"一株草"到"一味药",再从"一味药"到"一道膳",磐安药膳用药材制作菜肴,把"苦口良药"变成"美味佳肴"。近年来,磐安加快药膳产品研发和市场拓展,开发了临床药膳、慢病调理药膳、餐饮养生药膳等五大品类200多款,推出"磐安药膳百城千店"战略行动,在全国各地培育磐安药膳旗舰店、精品店、标准店159家。2023年,磐安被命名为"中国药膳美食地标城市"。

婺州南孔圣地

盘峰乡榉溪村是江南孔子后裔聚居地,被称为"孔子第三圣地"。公元1130年,金兵大举南下,孔子第47代裔孙孔若钧和哥哥孔若古、儿子孔端躬,随同衍圣公孔端友及近支族人护送宋高宗一路南下。逃亡路上,孔若古、孔端友定居于衢州,史称"孔氏衢州南宗"。而孔若钧、孔端躬一直护送宋高宗至合州。返回途中,孔若钧病逝,葬于榉溪。孔端躬为父守孝3年后,便带着族人隐居榉溪,后宋理宗恩例榉溪敕造孔氏家庙,婺州南孔自此发脉,榉溪村孔姓占95%以上。榉溪虽地处

深山、远离城郭，但居住于此的孔氏后裔们始终秉承儒家文化，千百年未曾中断。800 多年来，沐浴在儒风下，自强不息、耕读传家、仁孝为本、修齐治平的婺州南孔文化滋养了一代又一代榉溪人。2011 年，婺州南宗祭孔典礼入选浙江省非物质文化遗产名录；2017 年，孔氏家庙成功加入中国孔庙保护协会；2024 年，榉溪村荣获联合国"新可持续城市与人居环境奖"。

钱江源

钱江源头闹叶林
绿水青山好瓜景
癸卯暮春民於开化

◎ 徐忠良《钱江源》（局部）

概况

钱江源名山公园主要依托钱江源－百山祖国家公园候选区钱江源园区，钱江源－百山祖国家公园是国务院

公布的49个国家公园候选区之一。钱江源园区位于浙皖赣三省交界处，由古田山国家级自然保护区、钱江源国家森林公园、钱江源省级风景名胜区以及连接自然保护地之间的生态区域整合而成。

钱江源属于白际山脉，孕育于中生代侏罗纪，距今约有2亿年的历史。由于白垩纪燕山运动，山体主要由寒武纪的花岗岩、花岗斑岩等构成，花岗岩侵入体风化形成许多悬崖峭壁，具有典型的江南古陆强烈上升的地貌特征，境内崇山峻岭连绵不断，加之切割作用明显，谷狭坡陡，山脊脉络清晰。钱江源园区山地陡峭，山体

钱江源大峡谷

坡度大，陡坡分布广、面积大。受断层作用，山坡断崖陡峭如切。沟谷宽度小，梯级状明显，下蚀作用强烈，瀑布和深潭发育广泛。

钱江源主要有古田山水系和钱塘江水系，前者属长江水系乐安江支流，东、西两条苏庄溪在苏庄镇汇合折入江西省境内，经江西德兴市的乐安江流入我国最大的淡水湖——鄱阳湖。后者属钱塘江水系。

钱江源属中亚热带湿润季风区，受夏季风影响较大，四季分明、雨水丰沛、光照适宜。母岩以花岗岩为主，外围有含砾粉砂岩及紫红色细砂岩。园区内分布有红壤、黄壤、水稻土、沼泽土四个土类。

钱江源地处中亚热带中心地带，森林覆盖率达到90.29%，森林生态系统健全，生物多样性资源具有巨大的生态保护功能，在涵养水源、水土保持、生物多样性维持和净化空气方面具有重要作用。园区内记录野生维管束植物184科827属1852种，具有古老、孑遗、珍稀濒危植物种类多，古树名木资源丰富等特点，记录有南方红豆杉、金钱松、鹅掌楸、香果树、长柄双花木等多种重点保护植物。

钱江源园区内繁茂的森林植被，为动物栖息、繁衍创造了良好的生态环境，共记录脊椎动物34目84科328种，是国家一级重点保护动物白颈长尾雉和黑麂的重要栖息地。

自然之美

　　钱江源是我国东部少见的原生森林，其原生态的自然风光令人心驰神往，很多人为了逃离都市的喧嚣来到这里，感受森林的清新和宁静。钱江源的主要旅游资源集中在钱江源景区和古田山景区。

源头碑　余问清摄

钱江源景区

钱江源景区位于钱江源园区齐溪片区，由莲花塘、卓马坑、莲花溪、水湖、枫楼等5大景区和里秧田、仁宗坑、上村、左溪、齐溪镇、齐溪村、江源村等7个村落组成，拥有7个主类，74个基本类型。钱江源景区的旅游资源总体评价为：水资源丰富多样，山地度假资源优越，文化资源主题鲜明的山青、水秀、林茂、瀑美的国家级森林公园。

钱江源景区的范围很大，其中最具有代表性的景观可以说就是钱江源大峡谷了。一直以来，这里很少有人类活动，所以这里人类改造的痕迹更加少，似乎可以说是如原始森林一般。当游客的步伐踏入钱江源的那一刻起，就打破了整个钱江源的宁静，让这里的万物都躁动了起来。顺着羊肠小道步入即可见到亭亭如盖的树木植被，湿润的空气中带着高浓度的负氧离子，令人的呼吸系统和神经系统得到了极致的放松。

在峡谷之中有一座极为壮观的钱江源瀑布，这条瀑布最大的特点就是"神龙见尾不见首"与我们平常所说的"神龙见首不见尾"形成了非常鲜明的反差，非常有意思。若要追根溯源找到这条"神龙"的龙头，就得顺着瀑布旁的天梯攀爬到最顶峰去欣赏它美丽的一面。虽然看起来有点冒险，但是也是非常有趣的。攀爬到顶峰的时候，会有一种会当凌绝顶，一览众山小的观感，从这里看下去可以看到瀑布从上到下的落差很大，所以会形成这样雾状的颜色与形态。也就形成"神龙见尾不见首"的独特景观了。

古田山景区

古田山景区位于钱江源园区古田山片区，地处浙、赣二省交界处，与江西省婺源县、德兴市毗邻。景区内林木葱茏，遮天盖日，原始森林植被保存完好，有"浙西兴安岭"之美誉，是中国特有的世界珍稀濒危物种、国家一级保护动物白颈长尾雉、黑麂的主要栖息地。特别是该区的低海拔常绿阔叶林是全球亚热带地区保存最为完好的区域。目前已成为中科院植物所、浙江大学及诸多国际生态组织在古田山进行中亚热带常绿阔叶林生态系统生物多样性研究的重要基地。古田山森林植被原始，生物物种丰富，景致优美自然，人文底蕴淳厚，是一块绿莹洁净的宝地，是一颗镶嵌在地球动脉中的光晶照眼的翡翠，可以概括为"生物源地、科考基地、文化灵地、养生福地"。

古田山的山体主要由火山爆发后变质而成的花岗岩构成，在风化和其他外力作用下容易形成断裂的悬崖峭壁。因此古田山山势险峻，奇峰突兀。《开化县志》记载："石耳山东南 4.5 千米有青尖，为古田山自然保护区的主峰。东南 3 千米为古田山，由于长期的侵蚀、剥蚀作用形成夷平面残遗，成为一片沼泽地。"

景区内群山连绵植被茂盛，动植物资源丰富，是天然生物基因库，有"浙西兴安岭"之誉。古书记载："古田名山为东南之名胜，为七十二洞天之一也。"其独特的生态环境，孕育出"氧吧、矿泉、温泉"等极具挖掘潜力的养生资源，区内负氧离子最高浓度达到每立方厘米 14.5 万多个，是名副其实的"天然氧吧"，现已开发的"古田山"品牌矿泉水，微量元素丰富，口感极佳，古田山地下断裂层蕴藏着丰富的泉水，具有弱碱性及含氟离子高等特征，可进行氟硅理疗温泉开发利用。古田山景区的旅游资源总体评价为：景区内冬暖夏凉，四季气候宜人，空气洁净清新，生态环境优美，旅游资源丰富多样，资源实体品质优良，具有很高的观赏游憩价值。

人文荟萃

钱江源园区历史悠久，文化底蕴深厚，历史上以山地农耕和林业为主要生计来源，在农林业生产过程中创造了极为丰富的口头文学和民间音乐、民间舞蹈、民间戏曲和民间工艺等，诸如满山唱、横中跳马灯和马金扛灯等民间演艺；作为重要的历史事件发生地，该区域保存了朱元璋时代的点将台和练兵场等古遗迹；因毗邻徽、赣，当地吴越习俗与徽、赣习俗相互交融，地方风土人情丰富而多彩，乡村建筑以江南派系的徽式建筑为主，餐饮文化也具有多省复合性特点；位于闽浙皖赣革命根据地的浙西中心，保留了抗战时期根据地遗址，以及烈士墓群，是红色文化的展示地；同时还留存了佛教寺庙等宗教与祭祀活动场所。

凌云寺

古田山文化底蕴深厚，且历史文化、佛教文化、非遗文化兼具。古田山得名十分传奇。山畔有田，田旁有建于宋朝乾德四年（966）的凌云寺，又名古田庙，正殿书有"山依古田名，境里钟磬生妙谛；寺因凌云志，门前竹韵证禅机"楹联。至于凌云寺的名称由来，也有

古佛节

一个传说故事。一日，朱元璋与刘伯温前往古田庙附近查看地形，见香火旺，香客络绎不绝，也前来祭拜。住持得知是两位贵人到来，惊喜不已，朱元璋也抽了一签，解为："胸怀大志命不凡，飞马纵横天下扬。擒妖伏虎乾坤定，叱咤风云威名震。蛟龙一吼冲天起，日月风云擎手际。"是为上上好签。朱元璋听罢，十分高兴。遂赐古田庙名"凌云寺"，表达凌云之志。"凌云寺"的名字一直保留到今天，寺庙后来被大火焚毁，村民翻修，真迹无存，后人便请人重新书写刻在匾额上。明太祖朱元璋曾率部在凌云寺安营扎寨，留有"点将台"、练兵场"元杉"、"富户村"等历史遗迹。古田山海拔 850 米处有公元 963 年始建的古田庙，系佛教之圣地。至今朝圣者常年不断。古田山区域内民间民俗文化极其丰富，传承演绎历史数千年之久，形成了独特的民俗、艺术、技艺等文化遗产，如已有 1100 余年历史的"富户香火草龙"2011 年被列入国家级非遗名录，"唐头古佛节"2009 年被列入省级非遗名录。

朱元璋点将台

在古田山，最广为人知的传说，要数朱元璋的故事。对朱元璋来说，古田山实乃福地，似乎神灵在隐隐庇佑这位布衣天子。

元末，朱元璋与陈友谅交战于江西九江，兵败后退至浙江云台（今开化苏庄古田山）。朱军粮草减少，士气日下，情况危急。刘伯温献计，将新鲜稻草和死鱼倒入河中，任其漂流而下。陈友谅见之认为云台乃鱼米之乡，长年围困不是良策，遂下令退兵，朱元璋绝处逢生，在刘伯温的鼓舞下重振士气，调兵遣将。另一种说法则是：新鲜的稻草和鱼不是刘伯温的计策，是真的被大水冲下；富饶的古田山为朱元璋提供了充足的粮草，才得以使军队绝处逢生。在古田山入口处，潺潺溪水旁可见一块巨大的石头，长7米，宽5米，名曰"点将台"。相传朱元璋曾立于石上挥兵点将。路过点将台旁的古田庙不到百步，还可看到一处道观。相传朱元璋在古田山驻扎时曾得道士周颠和张中的帮助。为感念二人，朱元璋为其修建道观供奉。

天台曉望

天台鄰四明　華頂高百越　門標赤城霞　樓棲滄島月　憑高登遠覽　直下見溟渤　雲垂大鵬翻　波動巨鰲沒　風潮爭洶湧　神怪何翕忽　觀奇跡無倪　好道心不歇　攀條摘朱實　服藥煉金骨　安得生羽毛　千春臥蓬闕

◎ 丑百川《天台晓望》（局部）

◣ 概况

　　天台山名山公园位于台州市天台县，以"佛宗道源、山水神秀、和合圣地"为主要特色。名山公园建设重点依托天台山国家级风景名胜区、浙江华顶国家森林公园、

始丰溪国家湿地公园。

天台山名山公园是浙江东部重要生态屏障区组成部分，县域地形地貌以山地丘陵为主，是典型的山区生态县。境内天台山脉（主峰华顶山海拔1098米）、大雷山脉（海拔1229.4米）蜿蜒县境南北，始丰溪横贯东西，形成一个三角形盆地，山地、丘陵、台地、平原顺势分布，形成了丰富的地形地貌景观。

天台山名山公园属亚热带季风湿润气候区，四季分明，温暖湿润，光照适宜，又因四面环山，中间低平而具有盆地小区域的气候特征，雨水充沛。天台山为台州市水源上游区，其中，始丰溪是天台的母亲河，汇通三茅溪、苍山倒溪、峇溪、乌岩溪、崔岙溪、小法溪、赭溪、螺溪等八条主要溪水。

天台山名山公园内有众多野生及栽培高等植物，其中国家一级重点保护野生植物有南方红豆杉、中华水韭2种，国家二级重点保护野生植物有桧叶白发藓、香果树、榉树、金荞麦、浙江七子花、野菱、野大豆、天台鹅耳枥、台湾独蒜兰、花榈木、华重楼等35种。

繁盛的植物为动物繁衍栖息提供了绝佳的生存环境。天台山名山公园内共记录天台野生动物60目313科1180属1612种，有国家一级重点保护野生动物4种，分别为穿山甲、青头潜鸭、白颈长尾雉、卷羽鹈鹕，另外还有豹猫、毛冠鹿、猕猴等国家二级保护动物。

🏴 自然之美

天台是国家级生态县，天台山是国家级风景名胜区、国家 AAAAA 级旅游景区，入选全省大花园耀眼明珠，以"佛宗道源，山水神秀"而享誉海内外。境内风景秀

天台山

丽，气候宜人，自古以来就有八大景八小景，有名有姓三十景，无名无姓数不清之说，自然景观和人文景观相互渗透，山、岩、洞、瀑各具神韵，形成了古、幽、清、奇的独特风格。

天台山石梁景区集天下山水奇观于一体，是"浙东唐诗之路"的精华所在。景区内有小铜壶瀑布、"天下第一印"、"应真沐浴潭"、方广寺、石梁飞瀑等著名景点。

天台山大瀑布

天台山大瀑布（琼台仙谷）景区主体大瀑布总落差325米，最大宽度90米，是个罕见的高落差亲水梯级

天台山大瀑布

瀑布群，堪称中华第一高瀑。大瀑布从桐柏山上飞流直下，如白练飞舞、似玉女穿梭、疑银河落入凡尘，几十里外就能看到瀑布喷泄而下的壮丽景观，令人震撼。并以独特的仙道文化、唐诗文化、文旅交融独树一帜，让游客耳目一新。"赤城霞起而建标，瀑布飞流以界道"，东晋大文豪孙绰的《游天台山赋》把它同赤城山并列为天台的地标性景观，天台山可谓自古就名闻天下。

赤城山

赤城山是"台岳南门"和天台山的标志。"不与众山同一色，敢于平地拔千仞"的赤城山，高 306.5 米，内有十八个天然洞穴石窟，散落有致，佛道双栖，构筑起一座宗教圣山。山内建筑造型各异，有济公东院及西院、玉京洞、凡庵紫云洞等著名景点。

天台山华顶

天台山华顶景区总面积 7.5 平方千米。"春观杜鹃夏避暑，秋看日出冬赏雪"，一年四季风景如画，云海、日出、杜鹃、雾凇，被誉为"华顶四绝"。主要景点包括葛仙茗圃、华顶归云、锦绣鹃海、华顶讲寺、华顶日出、华顶拜经、华顶雾凇、古柳杉群、天柱滩瀑等。

天台龙穿峡

天台龙穿峡景区坐落于天台县白鹤镇，景区拥有浙东最大的瀑布群，素有"天龙八瀑"的美誉。在欣赏不凡美景的同时，还可以参与全球唯一 3D 环瀑天龙玻璃栈道，与玻璃栈道平行的 7D 观瀑飞龙玻璃桥。

人文荟萃

浙江天台山蜿蜒于东海之滨，以其绚丽多姿的形貌和深邃厚实的内涵，孕育出华夏文明苑囿中一棵散发着独特芬芳的奇葩，这就是"天台山文化"。这里是佛教天台宗的发祥地、道教南宗的创立地、活佛济公的出生地、寒山子的隐居地、唐诗之路目的地、徐霞客游记开篇地、五百罗汉应真地、王羲之书法悟道地、刘阮桃源遇仙地、和合文化发祥地。天台山文化在"诗和远方"的时代背景下，正沿着"文化示范区"的实践路径努力奋进，推动全县文旅产业的物化、活化与转化，进一步促进天台全域旅游的发展。

国清寺

天台山境内有著名的天台宗发源地国清寺。天台山八桂峰南麓，古木深深，涧泉潺潺，国清寺就深藏于此。上千年岁月留下了满院的深绿微黄，"寺若成，国必清"，让我们再次走进这座古刹。认识它的另一种美吧

国清寺，初名天台寺，始建于隋开皇十八年（598），晋王杨广承智颛遗意建造。智颛，南朝陈太建七年（575）入天台，结草庵讲经，奠定了天台宗教观之基础，人称"天台大师"，亦称"智者大师"。隋大业元年（605）杨广登基（即隋炀帝），遂赐寺额"国清"。后屡有损毁。现存寺院为清雍正帝敕建。

国清寺是中国佛教史上最早的宗派天台宗的发源地，为日本、韩国等佛教天台宗的祖庭。唐天宝十至十二年（751—753），鉴真和尚巡礼天台山，参拜国清

寺后东渡日本，带去天台宗经典，天台宗教义初传日本；唐贞元二十年（804），日本高僧最澄渡海入唐，登天台山，从天台宗十祖道邃大师学习天台宗教义，回国后开创了日本天台宗。2001年，国清寺被列入第五批全国重点文物保护单位。

国清寺前有双溪萦回，后有五峰环列占地面积15000平方米，殿宇600余间，建筑布局匠心独运，横向随地形就势灵活布置，纵向严谨规整，大致有五条纵向轴线。中轴线有山门、韦陀殿、天王殿、大雄宝殿等；西一轴线有放生池、安养堂、三圣殿、妙法堂等；西二轴线有伽蓝殿、罗汉堂、玉佛阁，为新建仿古建筑；东一轴线有聚贤阁、方丈楼、迎塔楼等，东二轴线有禅堂、修竹轩等。大雄宝殿是全寺最大的殿宇，建于清雍正十二年（1734），保存较好。殿内供奉清代释迦牟尼铜像，重达13吨，两侧分坐十八罗汉，系元代楠木雕像。殿的东侧有隋梅一株，相传天台宗第五祖灌顶大师手植，

国清寺

距今已有一千三百多年的历史，是国内三株最古老的梅树之一。

寺前山坡上有一座砖塔，六面九级，残高59米，为砖木结构仿楼阁式塔，俗称"隋塔"。从塔的构造和形制特征判断，应为宋代重建。古塔北侧有唐代高僧一行的纪念墓。一行禅师为修订《大衍历》曾到国清寺居留，向达真和尚求教算法。

国清寺藏有梵文贝叶经、宋代元通和尚仿隋代智者大师手书《陀罗尼经》、明代潘志省手书《金刚经》、唐石刻西方三圣造像等珍贵文物，以及柳公权、米芾、朱熹等名家的摩崖石刻。

济公文化

作为活佛济公的降生地，天台一直注重济公文化的

济公故居

传承、交流、发展，成立了全国首家济公研究会，先后修建济公院、济公故居，2014 年"济公故里"被国台办批准为"海峡两岸交流基地"。天台山还是"五百罗汉"之说的起始地，天台石梁的方广寺是五百罗汉的根本道场。正是在这山清水秀之地，在天台山佛道禅声中，五百罗汉应化显身，延续了另一种佛教信仰。

道教文化

天台是道教南宗的创立地。作为中国本土宗教，道教的教义带着鲜明的中国传统文化标签，天台山几乎参与、见证了道教发展的每一个历史时期，更创造出无数璀璨的道法教义，带领东南道教走入了兴盛时代，成就了天台山文化的又一个高峰。

诗路文化

天台是浙东唐诗之路的精华，所谓"一脉天台山与水，半部中国全唐诗"。据统计，《全唐诗》2200 多名诗人中，走过"浙东唐诗之路"的有 451 人，占五分之一；收录写于浙东或有关浙东的诗作有 1500 多首，其中涉及天台的就有 1300 多首。浙东唐诗之路，在本就厚重的天台文化上再添了浓墨重彩的一笔，形成了独特的一脉天台，天台山文化成了古代浙江典型的区域文化之一。

山水往往能超越地域获得天南海北的人的喜爱，这是因为山水能引发人的情绪共鸣。郁闷时居高望远，便觉天地辽阔，心结不知不觉被打开；泛舟畅游时，又往往让人产生隐逸遁世之感。所以，当时来唐诗之路的文人们，都会借山水抒发胸中垒块，借诗言志。比如李白就是其中最典型的代表。

李白一生曾四入浙江，三上天台。在被唐玄宗"赐金放还"后，首先就是为解胸中垒块，云游四海。他一路向南边走边游、且歌且吟，大约在747年秋天，他踏上了浙东唐诗之路。他登上天台山，写下了《天台晓望》："天台邻四明，华顶高百越。门标赤城霞，楼栖沧岛月。"

还有孟浩然的"问我今何适？天台访石桥。坐看霞色晓，疑是赤城标"（《舟中晓望》），李郢的"南国天台山水奇，石桥危险古来知"（《重游天台》），杜荀鹤的《登天台寺》、刘昭禹的《忆天台山》等。

除了诗路文化，书法家王羲之学书天台白云先生的故事也是天台山流传的精彩传说，其事最早记载见于南朝刘宋刘义庆的《世说新语》。神山秀水，佛道双栖的天台山给了王羲之无穷无尽的力量与灵感，一段与白云先生的奇遇记也成了一段流传千年的佳话。

仙山胜地，从来不乏神话传说，天台的刘阮遇仙就是最动人的一个。"刘阮天台遇仙"是中国古代四大仙凡相恋故事之一，距今已有1600多年历史，最早记载在东晋干宝《搜神记》中。

天台还是徐霞客游记的开篇地。在天台山水早已声名远播的明代，徐霞客三入天台，并前后留下了两篇日记，在他的传世著作《徐霞客游记》中，他将《游天台山日记》放在首篇向世人生动、细致地描绘了天台的万种风情。

神仙居

台州神仙居古名天姥山又稱苗山屬括苍山系主峰
大青岗海拔二千三百七十一米其人文历史最早可溯至
晚唐時期整个神仙居景區以西垂幽谷為中心形
成峰崖溪瀑景观观音山是景區中休最高最大
最有代表的核峰唐代有八首诗写神仙居糊著三垂主
与韵碎寿国家级五A景區

癸卯秋月友魏字張帆書記於玲瓏山

◎ 张　帆《神仙居》（局部）

概况

神仙居名山公园主要依托仙居风景名胜区，仙居风景名胜区位于浙江省东部丘陵山区、仙居县中南部，处于括苍山支脉，是山岳型国家级风景名胜区，总面积

158 平方千米，外围协调区 118.07 平方千米。

神仙居位于华南褶皱系浙东沿海火山岩带中部，中生代以来强烈的火山喷发活动、岩浆活动和沉积作用，形成了大面积出露的晚侏罗纪和白垩纪火山沉积岩地层。地质构造复杂，以断裂为主。

神仙居地处亚热带季风气候区，气候温和，雨量充沛，四季分明，水、热、光资源充足，但是其降雨量在年际间分配不均衡。同时，由于区域地形、地貌影响，气候垂直分布规律明显。

从生态系统类型来看，公园是典型的森林生态系统，森林覆盖率超过 93%。以淡竹乡南部区域为例，该地区典型的植被类型有常绿阔叶林、常绿落叶阔叶混交林、针阔叶混交林、针叶林、竹林、山地矮林和山地灌草丛等。

神仙居名山公园境内溪流纵横、湿地资源较为丰富，湿地面积约 395 公顷，以河流及其洪泛湿地为主，包括永安溪支流朱溪港、十三都坑、十八都坑、朱姆溪、十七都坑、万竹坑等均发源于公园内。

◢ 自然之美

神仙居名山公园地处浙东丘陵山区，境内北有大雷山、南有括苍山，两大山系自东向西延伸接于缙云，两大山系之间形成永安溪干流河谷平原。仙居县内峰峦起伏，河流纵横，自然景观独特，生态旅游资源丰富且极具特色，具有开发价值。

神仙居名山公园由神仙居景区、十三都景区、公盂景区、景星岩景区、淡竹景区五大景区构成，规划立足风景区独特的地理构造和山水格局，针对峰丛绝壁、山间谷地等不同的地理空间特性，确定不同的风景游赏单

永安溪观光绿道　神仙居旅游集团提供

元和游赏主题。

神仙居景区

神仙居景区是神仙居名山公园核心景区，设南、北两大出入口，由南天、北海两条索道连接。其南部围绕观音峰，北部围绕一帆风顺，为神仙居景区两大核心景源。展现了南天日月、北海扬帆、神仙大会、如来如意、观音祈福、开天辟地、蝌蚪天书、仙境圆梦、画屏烟云九大景域，沿途还有丰富多彩的景点景观及其蕴含的美妙故事。

北海宇内，空谷云端，峰崖壁立，飞瀑环绕，群峰拱卫之中，一座山崖凌空而起，似一叶风帆迎风启航，故名"北海扬帆"；右侧山峰因断层切割形成火山流纹岩地貌，呈现"一线天"的地质奇观，名曰"锯板岩"。

苏东坡云："重重似画，曲曲如屏。"画屏烟云景域石壁千仞，万壑峥嵘，流泉飞瀑时，云海雾涛中，彷如烟霞明灭，画屏天开，凭栏远眺，豁然开朗，万千胜景构成一幅壮观的山水画卷。

在神仙居北部如意谷中，如来佛祖慈眉善目，神态安详。一座形似玉如意的双曲拱桥横卧南北峡谷，凌空飞架，使天堑变通途。"神仙居所如来如意"，这是神仙居送给各位游客最美好的祝福。

神仙居蝌蚪崖上镌刻着至今未破译的中国八大神秘古文字之一的"蝌蚪文"。据文献记载，仙居县令陈襄曾携众人观韦羌山（今神仙居）石壁上的蝌蚪文，终因崖高路险，"云雨晦暝"，未得结果，望崖兴叹，留下诗作："去年曾览伟羌图，云有仙人古篆书。千尺石岩无路到，不知科斗字何如。"

从佛影莲韵到蟠桃园，沿途山峦形成诸多景点，勾勒出一幅"神仙大会"的盛景。观音峰孤峰突起，太上老君和各路神仙驾立云头，仿佛天庭盛会，辩经论道。云中列仙纷纷而下汇聚于此，如梦似幻。

南天顶是距离观音峰最近的至高点，临崖远眺，四面群山尽收眼底，迷人景色一览无遗。观音峰前洗心朝圣，日月辉映，透明纯净，聆听天空之城的最美乐章，南天顶给你不一样的视觉震撼。

观音峰位于神仙居景区南侧、天书蝌蚪区域，是神仙居三座奇峰之一，因其酷似观音而得名。"天然观世音，自在神仙居"，峰崖护卫之中的观音菩萨，正在祈愿天下安泰，众生幸福。

盘古开鸿蒙，化生天地中。鸿蒙桥至青云梯沿途山峦雄伟壮观，俨然一幅开天辟地的宏伟景象，记录了始

仙居无骨花灯　仙居县文旅局供图

祖神的创世传奇。

"梦幻谷上圆梦桥"，卧龙桥和圆梦桥围绕"追梦"和"圆梦"，记录着丰富美妙的寻梦故事。有奋发向上的成长梦、梦笔生花的求学梦、山盟海誓的爱情梦、巨鲸向海的回归梦、桃园结义的立国梦，还有历代传说中的神仙梦，景象丰富，意境美妙，祝愿美梦成真。

除此之外，神仙居还有结义峰、飞鹰道、象鼻瀑、九天飞瀑、虎背崖、问天台等独特的自然景观。

景星岩

景星岩为仙居八景之一，名"景星望月"。人在雾中行走，雾随人升腾，眼前是一座长百米，高数十米的山岩，像鹿伸开的脖子，名曰"鹿颈岩"。十八盘的最高处是景星岩的天门，眼前修竹万丈，松涛阵阵，令人心旷神怡。

景星岩的腹地有净居寺。此寺始建于唐代，宋代高僧行机在此结庐为居，明僧石奇、清僧湛庵相继扩建，殿宇恢宏，清顺治十五年围剿山寇时，寺毁，今住持妙德奔波数十年，重修殿宇，再塑佛像，又具规模，香火甚盛，前往参拜的信徒四季不绝。

因景星岩横空出世，突立众山，巡崖四望，见万山连绵，龙盘虬结，不见首尾。每当中秋月圆之夜，置身于望月台，但见碧空万里，如盘皓月，缓缓从东方升起，望月台旁有映月池似铜镜将天上明月倒映水中，山风微吹，碧波荡漾，水天一色。尤以响铃岩更令人称奇，该岩位于摘星台西北角，岩体裂隙形成一条宽不足一米，深不可测的悬崖沟壑，投石壑中，石子击撞左右岩壁，发生清脆的"铃声",余音袅袅,响声半分钟有余,登山者无不以挼石听响为乐。

人文荟萃

仙居拥有大量的遗迹、遗址、传统古村落与古建筑,有代表性的下汤文化遗址、皤滩古镇、桐江书院、公盂三村、西罨寺、几思亭等。除了下汤文化遗址,其余都位于名山公园范围内。

下汤文化遗址

距今 7000 多年的下汤石器时代文化遗址位于仙居县横溪镇下汤村,面积约 2.5 万平方米,属于原始文化新石器时期遗址,出土有石器、陶器、骨器等。其中石磨盘和石磨棒是世界上发现的最完整、最原始的稻谷脱壳工具。下汤石器时代文化遗址是整个浙南地区发现的规模最大、保存最完整、时代最早、文化内涵最丰富的一处人类居住遗址,属于省级文物保护单位与台州市爱国主义教育基地。

皤滩古镇

皤滩古镇位于仙居县皤滩乡,始建于唐代,于2008 年被评为中国历史文化名镇(国家级),是一个保存完整的商贸古镇。现存一条东西长 2 千米,呈"龙"形弯曲有致的古街,街两旁唐、宋、元、明、清等古代风格的建筑保存完整,店铺、码头、客栈、戏台、当铺、书院义塾、祠堂庙宇等一应俱全。

桐江书院

桐江书院位于仙居皤滩乡山下村与板桥村之间，建于宋朝，朱熹、王十朋等历史名人题写的"鼎山堂""桐江书院"匾额保存完好。2023年，桐江书院以崭新的面貌与游客见面。如今，它作为仙居文化的重要组成部分，向游客们展示着古代学子的求学氛围。在书院里，游客们或驻足观赏鼎山堂的匾额，或细细品味御史文化展厅中的文献资料。书院的每一个角落都充满了文化的气息，让游客们仿佛置身于古代的书香世界。

高迁村位于仙居县白塔镇，保存有十三座明清年间仿照太和殿建成的古宅院，是典型的江南望族居住地，于2002年正式对外开放。高迁村于2012年获得中国历史文化名村（国家级）的称号，2012年被列入第一批中国传统村落名录。

公盂三村

公盂三村（包括上平、下平和苍山）传统村落位于

桐江书院　神仙居旅游集团提供

公盂岩附近的景观地带，个别建筑修建于清代，整体上与大自然紧密相融，创造出一个既满足人居需求、又富有情趣的生活居生环境，成为神仙居的代表景观之一。

除此之外，神仙居还有古刹西罨寺，坐落于西罨幽谷里，寺侧巨峰摩天，如一叶风帆，慈航普渡，故称"西罨慈帆"。据光绪《仙居县志·寺观》记载，西罨寺是宋代雪崖禅师的留居之地。明代白塔镇厚仁村人吴时来曾在此寺发愤苦读，每天挑灯夜读到深夜，累得吐血，终于在明嘉靖三十二年（1553）考中进士，官至都察院左都御史。吴时来正气凛然，爱憎分明，在历史上以弹劾大奸臣严嵩而名留青史。明万历十一年（1583）曾募捐重建，使西罨寺成为规模宏大、僧人众多、香火旺盛的宝刹古寺。由于年代变迁及风雨侵蚀，民国末年倒塌，钟声不再，今仅存遗址。

九思亭

神仙居的九思亭是为了纪念元朝书画家柯九思而建，柯九思为仙居本地人，家住天姥山麓柯思岙村，字敬仲，曾任元朝奎章阁学士，也是著名的诗书画三绝大家。九思亭为全木结构，飞檐翘角，属于古香古色的传统亭式建筑。九思亭和元代诗人虞集的《风入松·寄柯敬仲》也有关联，据说九思亭名字就来源于此，虞集是柯九思的好朋友，他和柯九思曾共事于奎章阁，《风入松·寄柯敬仲》表达了虞集对老友的思念之情。

凤阳山-百山祖

百山祖位于庆元县境内是浙江省面积最大的国家级自然公园百山祖最高峰有一千九百二十九米是浙江第二高峰这里林海氤氲生机盎然荟萃六垂珍稀动植物资源生态植被为华东黄杉长柄双花木等二十多种被列入国家珍稀频危保护植物名录景区内奇峰怪石悬崖飞瀑山花馨香百鸟喧鸣被称之天然珍稀动植物园华东最大的山村生态旅游区是国内外自然学者十分向往探索的地方

癸卯初秋八十有五贾夏民子宽并记

◎ 夏子宽《百山祖》（局部）

概况

　　凤阳山－百山祖名山公园主体为钱江源－百山祖国家公园候选区的百山祖园区。凤阳山－百山祖园区核心面积50300.76公顷，凤阳山－百山祖位于丽水市的龙泉市、庆元县、景宁县3县（市）交界处，涉及3个县

（市）11个乡镇（街道）、4个林场（管理区），共35个行政村和10个林区。

凤阳山－百山祖名山公园园区地处浙江西南部山区，属东南低、中部高的浙闽低中山武夷山系余脉洞宫山脉，是中国东部滨太平洋典型亚热带中山侵蚀地貌结构区，经长期的地质过程形成了峰岭、峡谷、瀑布、湿地、古夷平面遗迹等地貌。凤阳山－百山祖名山公园海拔范围291—1929米，平均海拔1122.9米。名山公园内山峰众多，是浙西南地区阻挡台风与热带风暴登陆的第一道生态屏障，境内海拔1000米以上的山峰达1390座，1600米以上的山峰达50余座，1800米以上的山峰达10座，凤阳山主峰黄茅尖海拔1929米，系江浙最高峰，百山祖海拔1856.7米，为浙江省第二高峰。

凤阳山－百山祖名山公园位于我国东南沿海地区，受海洋影响较大，属中亚热带海洋性季风气候，与丘陵山地立体气候相互叠加，区域性气候特征明显，总体表现为：四季分明，冬暖春早；降水丰沛、雨热同步；垂直气候、类型多样。

凤阳山－百山祖名山公园是浙江省第一大河钱塘江、第二大河瓯江和福建省第一大河闽江的发源地，河网纵横密布，形成瓯江干流龙泉溪流域、支流小溪流域及闽江支流松源溪流域。园区土壤主要包括黄壤和粗骨土2种土壤类型。土壤质地多为黏壤土、砂质黏壤土、壤质黏土和砂质壤土。

凤阳山－百山祖名山公园位于浙江省西南部，在植被区划中属中亚热带常绿阔叶林地带、中亚热带常绿阔叶林北部亚地带、浙闽山丘甜槠木荷林区、浙南中山槠栲樟楠常绿阔叶林分区。名山公园地处我国 35 个生物多样性保护优先区域之一，是华东植物区系起源和演化的关键地区之一，已知野生维管束植物 189 科 851 属 2102 种，记录有野生脊椎动物 416 种，大型真菌 632 种，苔藓植物 358 种，其中百山祖冷杉、南方红豆杉、红豆杉等国家 I 级保护植物 3 种，中华穿山甲、黑麂、黄腹角雉、白颈长尾雉等国家 I 级保护动物 13 种，还有众多国家重点保护动植物 100 余种。地处我国 35 个生物多样性保护优先区域之一，是华东植物区系起源和演化的关键地区之一，已知野生维管束植物 189 科 851 属 2102 种，记录有野生脊椎动物 416 种，大型真菌 632 种，苔藓植物 358 种，其中百山祖冷杉、南方红豆杉、红豆杉等国家 I 级保护植物 3 种，中华穿山甲、黑麂、黄腹角雉、白颈长尾雉等国家 I 级保护动物 13 种，还有众多国家重点保护动植物 100 余种。

🔖 自然之美

　　凤阳山－百山祖地处武夷山系洞宫山脉，位于丽水龙泉市、庆元县境内，坐拥江浙第一高峰黄茅尖（海拔1929米）和第二高峰百山祖（海拔1856.7米），是瓯江、闽江水系的发源地，素有"清凉世界""天然氧吧""华东古老植物摇篮"之誉。这里的自然风光格外秀丽，登

百山祖晨曦　吴天明

峰望远，峰峦叠嶂，云飘雾绕，绿色绵延，一眼看去近景灿烂、远景辽阔；山脚望峰，峰耸坡翠；眺望群峰，鳞次栉比、景色无达。来到这里，可感"不畏浮云遮望眼，只缘身在最高层"，可赏"平远、深远、高远"之中国山水画景观，最著名的景观有云海日出和梅岙夜月。

云海日出

云海日出是著名景观之一，因山高雾多，云海成为百山祖的一大景观。夏日初秋，云海时如蛟龙翻滚，时如烈马狂奔，风平浪静之时，犹如姑娘害羞的脸上蒙着一层薄薄淡淡的面纱，茫茫云海，蔚为壮观，人在云上走，形似神仙游。一轮红日初升，像一团火球，与云海辉映交融，人们禁不住为大自然的神奇造化而倾倒。此情此景可与泰山的日出相媲美，与黄山的云海比高低。著名摄影家吴品禾先生获国际金奖的摄影作品"云龙出海"就摄于此。

梅岙夜月

梅岙夜月是凤阳山－百山祖的又一绝妙胜境。因这里自然植被完整，森林覆盖率达95%以上，空气清新纯净，漫步其中的人常常感到离自然更亲更近了。在夜晚，但见星空琼宇层次分明，一望无际，"奔月嫦娥"更是婀娜多姿，清晰可辨，令人浮想联翩。而观植被看林相更是大山之神赐予的不可多得的享受。走一趟凤阳山－百山祖就可亲自领略亚热带完整的植被类型，常绿的、落叶的、裸子的、被子的……在大自然中所获得的感受是书本中难以领会的。特别是名山公园中丰富的物种资

银装素裹　叶光华

源：野兔在林中狂奔，野鸟在空中飞翔，"老鹰抓小鸡"在这里不再是孩童游戏，而常能为游客真实所见。最具特色的是凤阳山－百山祖四季分明，风光各异，大面积的常绿、落叶阔叶林风景如画，或参天大树，或藤蔓缠绕，或鸟鸣兽走，或白练飞泻。春天万木葱葱，嫩绿新黄，一派生机盎然；初夏百花齐放，色彩缤纷，簇簇点点，错落有致；秋天，秋高气爽，层林尽染，霜叶飞扬，泉水叮咚，百鸟啾啾；冬天，雪花飞舞，银装素裹，冰凌倒挂，晶莹剔透，别具一番情趣，真可谓春有秋冬之意，夏有春秋之容，秋有春冬之情，冬有北国之色。

🗲 人文荟萃

凤阳山－百山祖位于龙泉、庆元、景宁三县（市）交界地区，其人文底蕴受到三个县域文化的共同影响，别具一格。

青瓷宝剑

龙泉是青瓷文化和古代海上丝绸之路的发祥地之一。龙泉青瓷的烧制始于1700多年前，是中国乃至世界陶瓷史上烧制年代最长、窑址分布最广、生产规模和外销范围最大的地区之一。宋代五大名窑"汝官哥钧定"中的"哥"，指的就是哥窑龙泉青瓷。"龙泉青瓷传统炼制技艺"是全球唯一入选《人类非物质文化遗产代表作名录》的陶瓷类项目。可以说一部浙江陶瓷史，半部在龙泉。

在众多窑址中，琉田，也就是如今的小梅镇大窑村，是龙泉窑的中心产地，曾经代表了青瓷烧制技艺的巅峰。明代陆容《菽园杂记》里写道："青瓷初出于刘田，去县六十里。"此处"刘田"就是"琉田"。如今我们看到的已是大窑龙泉窑考古遗址公园，山坡上60余处窑址遍布青瓷残片，工匠们加工泥料的场所、制作陶瓷的作坊、日常生活的居所等遗迹清晰可辨。独特的自然环境造就了天然的窑场：一方面，山为烧制瓷器提供了基本材料，如泥土、矿物、燃料以及建窑需要的适当坡度；另一方面，发达的水系，使得交通运输更为便利，商贸往来更为便捷。

这里还有中国古代十大名剑之一——龙泉宝剑。龙泉剑又名龙渊剑，始于春秋战国时期，至今有2500多年历史，始制于东周。传春秋末期，越国铸剑大师欧冶子奉楚王之命铸剑，遍访名山大川寻找铸剑佳地，经福建、江西最终来至浙江龙泉，见秦溪山古木葱郁，有湖十数亩，此外，湖旁有井七口，呈北斗七星之状，泉水甘寒清冽，又元鸡啼犬吠，甚宜铸剑。于是，欧冶子在此搭寮筑炉，采山中特有铁英，铸成龙渊、泰阿、工布三把名剑。至唐代因避高祖李渊讳，以泉代渊作龙泉。自此，龙泉宝剑名扬天下。

廊桥文化

庆元是廊桥之乡。2005年，庆元木拱廊桥荣获联合国教科文组织亚太地区文化遗产保护卓越奖，2009年"中国木拱桥传统营造技艺"被列入《急需保护的非物质文化遗产名录》。廊桥是桥与廊相结合的产物。桥面上部的廊、屋、亭、阁可统称为桥屋或廊屋。桥上覆廊，除了南方多雨，建廊以保护桥身，便于行人通行、休息外，还可以借助廊屋的重量，稳定木拱结构。它主要由主梁架、落水架、风雨板、藻井等组成。百山祖廊桥是百山

廊桥夜色　李肃人摄

祖景区最大的木拱桥。桥长 25.88 米，宽 4.48 米，净跨
17.37 米，斗拱重叠，飞檐翘角，气势不凡，百山祖廊
桥北桥头设二重檐四面横栋亭楼，中间设置二重檐楼阁，
廊桥造型古朴、典雅，衬在青山碧水中，更显轻灵秀美。
庆元最初建造廊桥的原因其实很简单，庆元峰峦叠嶂，
溪流纵横，因此"遇山开路，遇水搭桥"，成为先民满
足生产生活需要的必然选择。桥廊里留下过秀才们赶考
过路时的书香，留下过菇民们在此歇脚时洒下的汗水，
当然还有孩童们飘落的笑声。庆元古时，许多廊桥建在
村口岭脚，东部至福建闽东北是"私盐道"，西部是"香
菇道"。庆元古代就盛产木材、毛竹、笋干、茶叶、锥栗、
山货等农副产品，商贩与劳工们靠肩挑背驮，长途跋涉，
把这些商品通过古驿道运到外地，十几里难见到人烟，
每到廊桥，住脚歇拒，休息聊天，遮风避雨，避暑乘凉，
可以说廊桥文化和古道文化一起见证了庆元人民对美好
生活的向往与追求。

香菇文化

庆元是世界上最早开始进行人工栽培香菇的地区，
相传 800 年前，庆元吴三公发明"剁花法"和"惊蕈术"，
开创人工栽培香菇的先河。

传说和记录中的"菇神"吴三公出身贫寒，以上山
狩猎和外出担盐为生。在百山祖北打猎的过程中，他发
现阔叶树倒地所生之蕈无毒味美，便取名"香蕈"。后
又发现香蕈多从刀斧砍痕中长出，砍多处蕈多如鳞，砍
少处蕈少，无砍处则无蕈，因而总结出"剁花法"。"剁
花法"之后，他经过观察、试验，总结出一整套人工栽

培香菇的技术，这套技术，就像燧人氏在一万年前钻木点出的那缕"星火"，庆元的百姓由此获得了稳定、安全的食物来源，庆元人的生活，从此进入了一个新的阶段。这是香菇带给当地人们生活的巨大变迁。

庆元菇农是辛苦的，冬去春回，日夜劳作，要在大山深处的"香菇寮"以草为被，以地为床，度过半年左右的艰苦生活，这种特殊的生产生活方式孕育出了菇神庙会、菇山语言菇寮白、香菇山歌等"香菇"文化，这些融入他们日常生活的通俗文化也构建起他们生命的框架。当地的菇民还兴建神庙来祈求生产丰收，清乾隆年间，百山祖周边十三坊（村）在凤凰山腹地集资兴建五显庙和普云殿，供菇民祭拜。民国初年，古庙面积较小，香客逐年增多，已无法容纳众多信徒的朝拜。经菇民多方集资及十三村村民又共同捐资，在原菇神小庙前兴建了颇具规模的"五显殿"，四周各村修建了五条进山朝拜的石级道路。因五显殿坐落于形似"凤凰"的山岙中，且朝南向阳，寓丹凤朝阳之意，后村人将其称为"凤阳庙"，凤凰山也被叫成了"凤阳山"。

清凉峰

清凉峰旧时称昌岩香地界浙皖两省边界为主峰
海拔一千七百八十七米为龙塘诸峰之王是浙江省西北地
区景奇特的风景秀丽等颇挺
校险奇而且为台和方山等地形山珍碛碛洵
警深幽围围众为千米以上山峰陪衬石石寺红怪
石云浮天池为清漳之四绝石大明山十门峡百丈岭
太子尖等景观晴日远眺十峰竟秀女限风光画
收眼底

癸卯秋月 徐正伟颐记

◎　汤佳良《浙西清凉峰》（局部）

概况

清凉峰名山公园主要依托清凉峰国家级自然保护区，位于浙江省西北部的杭州市临安区境内，其西面与

安徽省绩溪、歙县两县的安徽清凉峰国家级自然保护区接壤，北面与安徽宁国市毗邻，南部与浙江淳安县交界，东面与天目山国家级自然保护区遥遥相望，是浙西重要的生态屏障，也是浙江西北部重要门户。

清凉峰在地质构造上属于杨子板块东南缘，与华夏古陆板块相邻，地质构造主要为学川—白水塘复背斜和昌化—普陀大断裂。地势西北高东南低，地形以中山、低山为主，低山丘陵与河谷盆地交错分布，崇山峻岭、深沟幽谷，别具洞天，主峰清凉峰海拔1787.4米，有"浙西屋脊""浙西之巅"的美誉。

清凉峰内的水系属钱塘江水系，水资源丰富，昌化溪为清凉峰名山公园境内最大溪流，区域内水系形态丰富，其河流的特征主要表现为水量季节性变化大、水清、流急、落差大，兼具水库山塘与峡谷激流，提供了良好的生态涵养、水上运动、风景游赏条件。

清凉峰属于亚热带季风气候区，光照充足，雨量充沛，四季分明，由于地势西北高、东南低，冷平流难进易出，暖平流易进难出，形成温暖湿润的气候特色，清凉峰名山公园内部分地区冬季积雪冰冻明显并常有雾凇、雨凇奇观。7月平均气温为18.9—27.1摄氏度，具有适宜的避暑条件，且空气中每毫升负氧离子数量是杭州主城区的15倍以上，是名副其实的清凉胜境，避暑胜地。

得益于充沛的降水，独特的地质地貌，悬殊的海拔垂直高度，清凉峰区域内具有常绿阔叶林、常绿落叶阔叶混交林、落叶阔叶林、针叶阔叶混交林、针叶林、高山草甸等多样的森林生态系统，因此也孕育了丰富的动植物资源。清凉峰名山公园范围内（自然保护区和六镇）的森林覆盖率达到81.97%。有高等植物2453种，其中银杏、南方红豆杉、象鼻兰、银缕梅等国家一级重点保护植物5种，（凹叶）厚朴、鹅掌楸、夏蜡梅等国家二级重点保护植物46种；天目朴、孩儿参、草芍药、猫儿屎、江南牡丹草、延龄草等浙江省重点保护野生植物38种。保护区内共有脊椎动物356种，昆虫2567种，其中华南梅花鹿、穿山甲、白颈长尾雉、中华秋沙鸭、安吉小鲵等国家一级重点保护野生动物15种；藏酋猴、猕猴、豹猫、白鹇、中华虎凤蝶等国家二级重点保护动物58种，中国雨蛙、舟山眼镜蛇等浙江省重点保护野生动物33种。清凉峰自然保护区是濒危、珍稀物种的集中产地和长江三角洲地区重要的物种基因库，具有全球意义的生物资源多样性。

自然之美

　　独特的地质地貌，多样的森林生态系统，深厚的文化底蕴，造就了清凉峰名山公园丰富的生态旅游资源，形成了集峡谷漂流、山地观光、高山滑雪、野外探险、

清凉峰顶　沈炳泉摄

会务接待、生态民宿和民俗乡村游、文化体验为一体的生态休闲旅游特色产业。据初步统计，清凉峰名山公园拥有大明山、十门峡、龙井峡漂流、湍口温泉等几十家各具特色的风景名胜区和文化体验区，是不可多得的旅游胜地。

大明山

大明山雄峙在浙江、安徽交界的绿海翠岭之中，是国家级风景名胜区、国家 AAAA 级旅游景区、杭州市首家省级地质公园。大明山景色秀丽，四季如画，灵山秀水的无限风光使人流连忘返。春天山花浪漫，满山翠绿；夏天大树蔽荫，清凉世界；秋天红叶飘飞，野果累累；冬天瑞雪盖松，晶莹壮丽。大明山山高谷深，层峦叠嶂，群峰耸立，溪水长流，奇松、怪石、云海是其天然的造化，

千顷塘哨卡——清凉峰保护区　大明山景区提供

143

高山顶上的千亩草甸、纵横交错的万米岩洞和风光秀丽的高山大明湖更是独步江南、中华一绝。著名的御笔峰是大明山三神峰之一，原名"大明文笔峰"，是玉皇大帝投笔凡间所成。因岩壁上刻"御笔生花"，因此称为御笔峰。此峰造型独秀，远、近、前、后景致各不相同，赛过黄山的梦笔生花。在仙境秘道上行走，此峰吞云吐雾、忽隐忽现，尤其是当我们途经几个 U 形回弯时，御笔峰时而隐匿、时而显现在远处的群山之中，更加灵动神奇。

十门峡

十门峡景区位于浙江清凉峰国家自然保护区北麓，景区内奇峰天成，碧波幽潭，瀑布成群，蔚为壮观。

十门峡的由来：由于地质构造发生强烈褶皱变形，加上强烈的风力侵蚀，在清凉峰山脊上形成一条绵延数百千米，随着山峦起伏而起伏的石垅，犹如天然石长城，雄伟壮观，气势恢弘，其中又以剑门最为奇特，气拔山兮的两座石峰直插云天，绝壁如削，形成雄奇险峻剑门险关。剑门宽不到 7 米，高达百余米，被誉为"天下第一门"，震撼无匹。剑门山谷内沟壑纵横，奇峰卓立，成为经典古装剧《倩女幽魂》《剑蝶》《战争不相信眼泪》等影视剧的外景拍摄地。

龙门景区：龙门景区为浙西最大瀑布群，18 条大瀑布在丛林中飞泻而下，潭瀑相连，溪涧遍布，无数巨石兀立水中，奔腾的溪流遇到巨石挡道，左冲右突形成无数个深潭，因此又有"十八龙潭"的美誉；同时，景区内三万亩原始森林神秘莫测，古木成林，负氧离子含量充沛，是名副其实的"天然氧吧"。景区独有的地质地貌景观，成为华东地区最佳的徒手攀岩基地，并拥有国际标准攀岩赛道6条，也是国家攀岩教学基地。

湍口温泉

湍口温泉位于杭州市临安区湍口镇湍口村叶家，俗称芦荻墩。距城区76千米，是一处四面环山的盆地。

湍口温泉古称"芦荻泉"，早在1300多年前就有之。地热区面积约0.2平方千米，地下储热温度40—50摄氏度，溢出表面的水温30—32.5摄氏度，属低温热水。大气降水是温泉的主要补给来源，日出水量3000立方米。该温泉为无色、无臭、微涩、透明的低矿化度重碳酸型泉水。温泉除含有常规成分外，还富含氡、氟、锶、钡等特殊成分，有很高的医疗保健价值，对心血管、内分泌、肠胃、关节、神经、皮肤等均有辅助治疗功效。湍口温泉有湍源、塘溪、沈溪、凉溪四条小溪，在盆地汇合，然后流入昌化溪。

🏔 人文荟萃

清凉峰名山公园所在地两昌地区，历经千年发展，遗迹斑斓，具有深享的文化底蕴积淀、璀璨多元的历史文化脉络、古今融合的人文渊源，浙西民俗文化、忠孝文化、商埠文化、国石文化、古道文化发展成为当地文化特色优势。唐代，该地区以浙西民俗文化为主，诞生了以鸡血石雕、神兽花灯、昌化民歌、马啸滚灯、昌西根艺、竹编文化等"民间文化"非物质文化遗产。宋代，该地区以忠孝文化为主，被称为孝义之乡。明嘉靖年间，该地区以商埠文化为主，商贾云集于此，造就临安最繁华的时代。清康熙年间，该地区以耕读文化为主，创造了以半耕半读为生活方式、以耕读传家为价值取向的新文化形式，影响至今。清乾隆年间，该地区以国石文化为主，鸡血石作为重要的外交国礼，被誉为"印章皇后""外交红颜"，并在历次中国国石评选中均为首选国石之一。抗战时期，该地区以红色文化为主，是一个极具中国特色的先进文化，蕴含着丰富的革命精神和厚重的历史文化内涵。

孝子祠堂

孝子祠位于临安区清凉峰镇的杨溪村，今天的孝子

清凉峰镇义干村孝子祠堂　刘柏良摄

昱岭关　刘柏良摄

祠已经不是明代的建筑，而是清代所建。乾隆二十五年（1760），皇帝重建祠宇，到了咸丰年间祠堂因为战乱被毁，于1807年重建。以祭祀祖先、崇尚孝义、推行宗法为主旨的孝子祠，其功能延续了几百年，是陈氏后裔心目中的神圣殿堂，每年春节陈氏子孙都会归来举行祭祀活动。而如今的孝子祠又多了一重身份——"忠孝学堂"。据说村里的孩子每年都会来"忠孝学堂"听课学习。孩子们来到这儿换上汉服，摇身一变成儒雅童生，聆听先生讲述陈斗龙的孝道故事，接受儒家文化中"百善孝为先"的熏陶。2014年"忠孝学堂"被列为浙江省社会科学普及示范基地，临安区小学生第二课堂活动基地，临安区青少年活动中心校外活动基地。

徽杭古道

　　"徽杭古道"始于安徽绩溪县伏岭镇境内，止于浙

百丈岭古道

江临安马啸，全长 25 千米，是我国继"丝绸之路""茶马古道"之后的第 3 条著名古道。据史料记载，这条古道早在唐代就已修成，东晋时，徽州人就已开始远赴异乡，奋迹商场，故自古有"无徽不成市、无绩不成街"的说法，清代的红顶商人胡雪岩年少时也曾沿着古道肩挑背扛进浙经商。"徽杭古道"是历史上徽商与浙商交流贸易的重要通道，也是徽州孺子耕读求学、徽商背井离乡闯世界的悬天通道。

百丈漈

百丈漈

新崖日夕自撞春来边光春氣家
难万拳不停雷隐人一川长觉
雨蒙〵

癸卯孟夏 楼寿 作於湖上

◎ 楼　奕《百丈漈》（局部）

概况

　　百丈漈名山公园主要依托百丈漈—飞云湖国家级风景名胜区，百丈漈—飞云湖国家级风景名胜区位于浙江省文成县，总面积 1296.44 平方千米。

境内山峦起伏，沟谷纵横，地貌类型以山地、丘陵为主，河谷平原较少。山脉多作西北—东南走向。山地、丘陵分布面积占全县总面积的 82.5%，俗称"八山一水一分田"。整体地势自西北向东南倾斜，最高为县域西北部的石垟林场顶峰，海拔 1362 米。

文成县水资源蕴藏丰富，居温州市第一位、全省第五位。飞云湖（珊溪水库）面积 35.4 平方千米，是浙江省第三大水库，也是浙江南部最大的湖泊。年降雨量 1884.7 毫米，降水量年际变化较大，最大年降雨量 2737.4 毫米，最小年降雨量 1080.7 毫米；降水量年内分配不均，其中 4—9 月占年降水量的 70% 以上，气候与雨量分配基本呈同步变化，春季极少有春旱。文成县属中亚热带季风湿润气候区，常年温暖湿润，四季分明，热量丰富，雨水充足。文成县的四季划分，以月平均气温低于 10 摄氏度为冬季，大于 22 摄氏度为夏季，介于两季之间为春季、秋季。全县多年平均气温约 19 摄氏度，气温最高在 6— 7 月份，最低在 12—1 月份，年段差约为 20 摄氏度。

百丈漈名山公园森林植被在浙江植被分区中属于中亚热带常绿阔叶林南部亚地带。植物种类繁多，植被丰富、区系复杂。原有天然植被主要有针叶林、常绿阔叶林、常绿落叶阔叶混交林等。森林覆盖率高，植物种类丰富，森林覆盖率达到 72.31%，共有石垟林场、金朱林场、山华林场、叶胜林场四大林场，其中石垟林场为全省五大林场之一。同时全县植物种类繁多，据县林业部门进行的木本植物调查和 1986 年省林业勘察设计院调查并鉴定，全县有木本植物 728 种。其中野生的 652 种，引

俯瞰百丈漈

种栽培的 76 种，共隶属 99 科 306 属。属国家保护的珍稀树种有 20 种，其中属国家二级保护植物的有连香树、钟萼木、福建柏、鹅掌楸、香果树等 5 种；属国家三级保护植物的有天竺桂、沉水樟、闽楠、银钟花、南方铁杉、天目木兰、黄山木兰、凹叶厚朴、天女花、花榈木、蛛网萼、紫茎、银鹊树等 13 种。其中南方红豆杉、福建柏等被列入国家重点保护野生植物。

全县野生动物资源丰富。据调查统计全县共有脊椎动物 5 纲 28 目 69 科 271 种。其中鱼纲 6 目 15 科 74 种；两栖纲 15 目 43 科 166 种；哺乳纲 8 目 2256 种。被列为国家重点保护动物的珍稀动物 36 种。一级保护动物有云豹、黑麂、黄腹角雉等 3 种；白颈长尾雉、穿山甲、豺、大鲵、虎纹蛙、穿山甲、鳖甲、龟板等可入药。

自然之美

百丈漈名山公园中心区内瀑高、林深、湖秀、洞幽、崖险、峰雄、滩奇、石怪，向世人展示了其独特魅力。资源特色可概括为云湖飞瀑、壶穴清潭、幽谷奇峰、红枫古道等。

百丈漈

百丈漈中心区内水景众多，尤以大湖、高瀑气势磅礴，具有极高的观赏性。瀑布是公园内丰富的自然景观中最为突出、最具代表性的典型景观。这里的瀑布不仅数量多、规模大、分布广、水量足，且形声各异，足可与名山名瀑媲美而毫不逊色。其中以高 207 米、宽 30 米的百丈飞瀑最为著名，

百丈漈

百丈漈，汇集"天下第六福地"南田诸水而成飞流，自海拔600余米的高山绝壁倾泻而下，突奔于深壑巨涧之中，形成了"一漈百丈高，二漈百丈深，三漈百丈宽"的阶梯形"三折"瀑布群，总落差353米，单体落差207米，为华夏之最，令人惊叹不已。水似飞珠溅玉，飘纱凝虹；声如怒雷惊涛，撼山震地，蔚为壮观。2013年被上海大世界基尼斯总部认证为"中国单体落差最高的瀑布"，同时入选"中国十大名瀑"。

岩门大峡谷

文成多幽深峻谷，而峡谷之间奇峰异石，相映成趣。中心区内岩门大峡谷全长约18千米，有神州第一峡之美称，其险、其峻，峰峭林立、古树参天、白石银潭、壶穴珠连、形状各异、潭碧瀑秀。峡谷景廊、龙麒源景区内的石构景观，也令人称奇。内大如磐石，小至河砾，色彩缤纷。滩石光滑如磨，五颜六色，一年四季，景色各异。朱阳九峰景区九座峰岩，造型各异、奇趣无穷。

飞云湖

飞云湖景区在珊溪，珊溪是飞云江的一条支流，原名杉溪，杉木的"杉"。因古时溪流两岸杉木林茂盛，故名杉溪。后人以杉字不雅，改为珊瑚的"珊"字，沿用至今。珊溪镇为浙南重镇，东近平阳县，南靠泰顺县，文泰公路穿镇而过，是文、平、泰三地的水陆交通要道，也是经济往来的集散地，战略地位十分重要。截断飞云江，高峡出平湖。飞云湖为浙南最大的淡水湖泊，上通铜铃山国家森林公园、水域面积35.4平方千米，烟波浩淼，波澜壮阔，青山列屏，白鹭腾飞。垂钓湖畔，静心可健身，放眼可赏景，情趣兼收。若泛舟湖上，碧水清澄，清风徐来，心旷神怡，宠辱皆忘。飞云湖是一方修身养性、休闲度假的理想风水宝地。

红枫古道

每到深秋万物萧索之际，文成的山岭便被红枫点缀得生机盎然。古道与红枫相映，霜叶与秋絮翻飞。走上千年红枫古道，用脚触碰历史，用双眼去发掘那"霜叶红于二月花"背后的万种"枫"情和诗情画意。文成红枫岭之多，遍布全县各地。据统计，现在保存完好的红枫岭全县还有70余条，风格各异。在县城四周的山上，分布着大会岭、苔岭、岩庵岭、龙川岭、松龙岭等几条大的红枫岭，其中尤以大会岭红枫古道最为讲究。引得各地摄影爱好者蜂拥而来，也成了新娘新郎拍婚纱照的绝妙去处。全国风景专家、北京大学谢凝高教授一行来文考察，惊诧于山间保存完好的红枫岭，连呼"红枫古道，江南罕见；存之不易，堪称佳景"。

人文荟萃

百丈漈所在的文成县自宋至清，共出文武进士16人，人才济济，包括明代开国元勋、著名文学家刘基（刘伯温），南宋名相、政治家周必大，亦有当代著名美学家施昌东等。

刘基故里　武阳村提供

伯温文化

刘基（1311—1375），字伯温，明朝开国元勋，封诚意伯，赠太师，谥文成。出生于文成县南田镇武阳村，功侔姜尚，行似伊尹。民间素有"三分天下诸葛亮，一统江山刘伯温"之谓，是我国杰出的政治家、军事家、文学家。刘基著有《郁离子》《覆瓿集》等雄文诗卷，与之相关的"刘伯温传说""太公祭"为国家级非物质文化遗产。

刘伯温例享春秋二祭，均在刘基庙举行，春祭为正月初一举行的家族祭祀，秋祭为刘伯温诞辰农历六月十五日在南田镇刘基庙举行的先贤祭祀。届时，刘基故里会举办舞龙灯，民间文艺表演等民俗活动。

刘基庙位于天下第六福地南田山，为浙南现存最具研究价值的明代木构建筑群，敕建于明天顺二年（1458），

刘基故居

是纪念明朝开国元勋，"立德、立功、立言"三不朽伟人刘基（字伯温）的祠庙，建筑轩敞古拙，气势恢宏庄重。庙内悬挂章太炎、蔡元培、沙孟海等古今名家匾额楹联，妙笔追思，丹青怀远，草行楷隶，诸体俱有，为国内名人纪念建筑所罕见。2001年被列为全国重点文物保护单位。

天圣山安福寺

天圣山安福寺始建于公元808年，至今已有1200多年历史。清世祖顺治皇帝曾为该寺御书"大雄宝殿"，乾隆年间被封为皇家寺院。清诗人富敦仁写道"此地名山推佛国，徘徊竟日乐长生"，因此安福寺又被誉为"东方佛国"。2003年经浙江省人民政府批复重建，是浙江佛学院温州学院的所在地，也是全世界信仰药师佛者的朝圣地。

畲族风情

畲族三月三是畲族的传统节日，又称"乌饭节""对歌节"，是畲族人文历史的缩影，具有鲜明的民族特征和浓郁的乡土气息，过"三月三"的习俗主要分布于文成县西坑畲族镇、黄坦镇培头畲族村和周山畲族乡等畲族聚居地。

关于"三月三"的由来，有这样一个故事，相传在唐高宗年间，畲族英雄雷万兴领导义军反抗唐王朝，被官军围困在大山里，粮断援绝，处境十分艰难，眼看有全军覆灭的危险，时值隆冬季节，天寒地冻，山里各种植物都已脱叶落果，唯有一种叫乌稔的野生植物，枝条上还挂有串串的甜果。畲军采集回营，雷万兴觉得香甜可口，便传令全军四出采集，军粮的难题解决了，雷万兴便于三月初三日杀出重围，取得了反围剿的胜利。又是一年的三月初三日，雷万兴想吃当年的乌稔果，让畲军入山采摘，可是这时乌稔刚吐芽抽叶，士兵只采回叶子，加入糯米蒸制，饭呈蓝黑色，同样喷香可口，后来畲民为分享雷万兴抗击官军胜利的喜悦，每年三月初三日出门"踏青"，采集乌稔叶，蒸制乌米饭，世代相沿，衍成风俗。

现在的"三月三"活动以纪念祖先为主题，形式主要是唱山歌，对山歌，以歌代言，以歌传情。当日，畲族家家户户都吃传统的乌米饭。近年来"三月三畲乡风情旅游节"吸引了大批游客慕名而来。

乌岩岭

乌岩岭境内溪畔石壁及溝中黑乌
定名清分鹽綠认莿山极高猫在其下瀑
巍巍上天無多中多靈草洞澆流
倒壁摇松靈山蔭接波今一筆墨記之

癸卯秋月沈林玉于涵上

◎ 沈林子《乌岩岭》（局部）

概况

　　乌岩岭名山公园依托乌岩岭国家级自然保护区，乌
岩岭国家级自然保护区位于浙江省泰顺县的西北部，总

面积 28.3 万亩，约占泰顺县面积的 10.71%。乌岩岭属洞宫山脉，山岳地貌，以侵蚀地貌为主，森林植被属中亚热带常绿阔叶林，原生态系统完整，保存有大量原始次生林，森林覆盖率达 93.48%，年平均气温 15 摄氏度左右，无霜期约 230 多天，相对湿度平均在 82% 以上，年均降水量 2000 毫米左右。保护区内有千米以上的山峰 52 座，主峰白云尖海拔 1611.3 米，是温州地区的最高峰，是浙江省第三大河流飞云江的发源地，地表水为超一类水质，负氧离子含量年均达 2 万个 / 立方厘米，最高可达 10 万个 / 立方厘米，是天然山水大公园和天然大氧吧。

乌岩岭保护区具有山地生态系统完整、物种资源丰富、山岳风光齐全、自然景象美丽等特点，具有典型的中亚热带常绿阔叶林生态系统；生物多样性丰富，动植物资源均占浙江省动植物种类的 50% 以上，被誉为"天然生物基因库"和"绿色生态博物馆"，更是中国最主要的黄腹角雉保种基地和科研基地。

乌岩岭保护区动植物分布具有一定的过渡性、典型性和多样性，是开展濒危动植物、亚热带典型植被群落、自然环境保护研究活动的基地，具有较高的科学价值和文化价值。

乌岩岭保护区综合科考最新记录统计：区内维管植物 2518 种，其中珍稀濒危植物有 285 种，国家一级重点保护野生植物有中华水韭、南方红豆杉、银杏（或为栽培，有待考证）等 3 种，国家二级重点保护野生植物有长柄石杉、金毛狗、福建柏、闽楠、六角莲、香果树、春兰等 50 种，浙江省重点保护野生植物 35 种；苔藓植物 436 种；大型真菌 458 种；脊椎动物 451 种，其中国家一级重点保护野生动物 14 种，国家二级重点保护野生动物共 67 种；省级重点保护野生动物 66 种；昆虫 2736 种，其中国家重点保护昆虫 5 种，国家一级保护昆虫有金斑喙凤蝶 1 种，国家二级保护昆虫有阳彩臂金龟、拉步甲、黑紫蛱蝶、金裳凤蝶 4 种。

自然之美

　　乌岩岭保护区所处的地理环境，由于复杂的地形地貌，形成了各种独特的自然景观。其特色是山清水秀、盛夏无暑、气象变幻、莽林壁松、飞瀑碧潭、鸟语花香。

乌岩岭晨曦

大片常绿阔叶林形成的森林景观具有很高的观赏价值，是旅游资源的基础；保护区内气象景观也非常丰富，一年四季气象万千，变幻无穷；切割剧烈的断层峡谷的侵蚀地貌产生了许多瀑、潭、嶂等景点，如白云瀑、白云尖、龙井潭等。

白云尖

白云尖，是泰顺县西北部的乌岩岭国家自然保护区的主峰，海拔 1611.3 米，是浙江第七高峰，为温州第一高峰，有'温州珠峰"之称。白云尖，属洞宫山脉，位于温州市泰顺县与丽水市景宁县的交界。由于山体宏大，终年被飞云白雾所笼罩，像一朵飘荡的白云，故得名为白云尖。登顶白云尖，就可看见一根标志柱、一块石碑和一座瞭望台。石碑是白云尖作为温州珠峰的"认证牌"，上面写着"温州第一高峰——白云尖"，并注明了高度。从白云尖主峰上流下的白云涧水，就是飞云江的源头。晚清的泰顺籍学者、诗人林鹗在《登白云山最高顶诗》中说道："西风飘飒鬓毛秋，剑气轩腾决壮游，瓯括雄关临绝顶，东南海国见源头。云生足下群峰涌，日近天心万象收，我把新诗叩琼阙，乘龙痴宠不胜愁。"林鹗豪迈劲捷的笔触正刻画了乌岩岭山川风物的美态雄姿。

白云瀑

白云瀑是位于白云尖左侧藤梨岙的一道瀑布，为白云涧主源飞云江源头之一，它隐藏在白云尖的腹地。这道瀑布高达 30 多米，瀑布从悬崖上直挂而下，撞击岩石，声如巨雷，激起水花飞溅，形成一个深达四五米的水坑。

原始森林　林建波摄

每当阳光透过水珠，便会在瀑布下形成绚烂的彩虹，为白云尖的山色增添了不少神秘感。

米筛潭

米筛潭在白云涧与里光溪交汇处，是另一个不可错过的自然奇观。潭上方岩峰挺秀，林木葱茏，涧水自幽深的石窟中喷出，潭中巧生一天然岩墩，宛若一个米筛，将水中之绿蓝石筛出，景色既幽静又迷人。

龙井潭

龙井潭位于双坑口外一千米处，潭分上下两口，上潭滚圆，面积20余平方米，水深不可测，周围崖壁如削，白云涧上游之水，形成落差五米的水柱，直冲潭内，长年累月形成桶状深潭，是为龙井。

八戒巡山

八戒巡山是乌岩岭一处颇具趣味的自然景观，位于

乌岩岭

乌岩岭春色—双坑口溪流

白云尖之下，为饲余山岩。这块巨石高约 10 米，形状酷似《西游记》中的猪八戒，因此得名。它所在的地区石景众多，各具特色，形成了一片独特的地质奇观区。这些自然雕塑不仅展示了大自然的奇妙造化，也为乌岩岭增添了几分神秘色彩。

人文荟萃

乌岩岭保护区所在地乡镇司前畲族镇和竹里畲族乡是泰顺县畲族文化主要乡镇，畲族原真文化保留完整，各类畲族传统习俗、服饰、歌舞、语言等得到了较好的传承保护。畲族民歌、三月三、婚俗等被列入国家省市非遗，每年定期举办的三月三畲族风情旅游节受到全国各地游客的关注。这里还有状元文化、国立英士大学旧址等文化遗存。

畲族文化

畲族文化主要以泰顺县司前畲族镇、竹里畲族乡为主，主要有畲歌、畲舞、畲服、畲医、畲语和"三月三"风情节等组成。畲歌题材广泛，数量众多，以情歌为主，特别是青年男女谈情说爱所用的情歌、结婚仪式上用的婚姻歌最为生动有趣；畲舞是对畲族传统舞蹈的改编，创作了一些反映畲族人民新生活的舞蹈节目；畲服分男女两种，男装为直襟黑色麻衣短衫，女装取料于自织的土蓝色麻布，大襟长袖样式，领袖襟皆镶有宽大花边，或月白蓝大襟镶花边，下身穿着裤脚宽大的便裤，裤脚镶有花边，妇女发式常梳成凤凰髻；畲医以草药为主，擅长刮痧、挑风、拔火罐、灯芯火灸；畲族有本民族的语言，接近于客家方言，汉族称之"少姓话"，畲族称之"山哈话"；"三月三"风情节，农历三月初三是畲族的传统节日。相传唐代畲族先民反抗官府，被官军包围在山上，靠吃一种叫"乌捻"的野果充饥，渡过难关，至翌年三月初三，成功突围。为纪念此事，畲族人民把每年的三月初三作为节日，吃乌米饭表示纪念。

状元文化

乌岩岭附近的状元文化主要是纪念徐奭和徐履两位历史名人，徐奭为温州历史上第一位状元，徐奭（985—1030），字武卿，木棉村人，北宋大中祥符五年（1012）状元及第。初授官著作郎，后历任洪州税监、苏州通判、两浙转运使、起居郎、礼部郎知制诰。天圣八年（1030），封翰林学士署理开封知府。同年，病死任上。墓葬位于仙居岭下沙墩。徐履（1121—1198），字子云，木棉村人，南宋名士。绍兴十八年（1148）礼部试第一名、殿试末名进士。历任安溪主簿、国子博士、信州通判、沿海制置司参议，官终朝请郎，著有《徐子云集》，墓在高塔村西峰寺后侧。

国立英士大学旧址

国立英士大学创设于1938年，初名省立浙江战时大学。1939年5月，为纪念陈英士，改称浙江省立英士大学。1942年6月从丽水迁到泰顺司前村、里光村办学，1943年4月，改称国立英士大学。1945年11月迁校到温州城区，1946年春移址金华，1949年后，在大学院校调整计划中，英士大学被裁撤，部分科系并入复旦大学，其余英士大学师生转入浙江大学。

国立英士大学在泰顺办学期间，学校将法学院、艺术专修科、合作专修科和农、医院的一年级设在里光村，农、医院二年级以上设在司前村。1944年第一学期国立英士大学在泰顺的总人数超过800人（其中学生616人）。另外，在云和、瑞安龙川（今属文成）等地代办的行政、财政、会计三专科师生人数也接近200人。学校办学规模最大时，下设4个学院、5个专科班，师生超过1000人。

天姥山

天姥山又稱天姆山天姥岑天姥峯天姥岑等
属乫戶名錄分支位於浙江新昌海拔八一八米天姥
山海拔名與天姥形狀有關此狀如妖好古人把它作為
上僊女藉為天姥即王母也西王母為天
姥乃中國古代女人崇拜之文化名所謂傳說或西王母天
姥南峯游下姥岭南新壮謫詩人墨客訪天姥
蒼然天界層巒疊嶂峰蒼然衆妙名山婆萬
壮為一邑主山由披雲尖大尖等群山組成
属道家第十六与六十福地郡有司馬悔橋天
姥古道寧茗山天姥寺神僊居等名勝
古迹有
抜卿三五主宗興衆直支周近遊世下姥山麓神
僊居僊景觀景之麓一同合筆畫丹八尖巨割名
下姥山神僊居二畫令文作之劂乃下編如
警師稱卬駝百品茗智鋪而作六
甬澳道上汗墨郡主刦松鷹狂淩

◎ 宋伯松《云游天姥山》（局部）

概况

天姥山名山公园位于浙江省东部，绍兴市东南部，曹娥江上游的新昌县境内，包含天姥山、大佛寺、十九峰3个景区，总面积142.14平方千米。

天姥山名山公园是融石窟造像、丹霞峰丛、幽谷溪涧、碧湖烟波、硅化木遗存和唐诗之路为一体，以佛教文化与名士文化、山水文化为内涵，以资源保护、宗教朝觐、寻古探幽、观光游赏、休闲健身和科普教育为主要职能的国家级风景名胜区。是以江南典型的诗画风景、唐诗为代表的山水文化，绿水青山的生态环境为资源特色，以风景游赏、文化体验、研学旅行、康养度假为主

的国家级景区型旅游目的地。2009年，天姥山被评为天姥山国家级风景名胜区；2019年，被中国唐代文学学会评为"浙东唐诗之路"精华地。

天姥山名山公园位于浙东盆地低山区，多丘陵，素有"八山半水分半田"之称。丘陵、山地占全县总面积的80%以上。地势呈东南高、西北低。

天姥山在新昌县东南18千米儒岙镇境内。南北绵延10千米，由拨云尖、细尖、大尖等群山组成，地处新昌、天台交界的岗陇高地上。北端会墅岭，南端关岭。旧志载，脉自括苍，至关岭入县界，层峦叠嶂，苍然天表，为一邑主山。景区山峰海拔一般在550—650米之间。主峰为拨云尖，海拔约900米。

天姥山名山公园临近浙江东部沿海，纬度较低，受季风影响显著，属中亚热带季风性湿润气候，温暖湿润，四季分明。

天姥山名山公园内主要地表水有沃洲湖、新昌江、潜溪江、天烛湖、韩妃江、镜岭江。沃洲湖原名长诏水库，是新昌江的上游，建成于1979年。新昌江主源茅洋江来自天台山华顶，另一源头小将江来自罗坑山，至香炉峰与茅洋江合为长诏水库。水出长诏水库方称新昌江，与澄潭江、黄泽江汇集为剡溪，为曹娥江上游。新昌江全长67.3千米，境内48.9千米，流域面积535平方千米，境内占443平方千米

目前据初步调查，天姥山名山公园有野生动物156种，其中兽类19种、鸟类48种、爬行类18种、两栖类7种、鱼类8种、昆虫39种及其他动物17种。天姥山名山公园属中亚热带常绿阔叶林北部亚热带，系浙闽

山丘、甜槠、木荷杯植被区。针叶林，有以飞籽或人工营造而成的短针叶林，分布于海拔700米以上山地；有以马尾松为主，分布在海拔500米以下丘陵台地。针、阔混交林分布在海拔500—700米坡地上。常绿阔叶林多分布于海拔250—700米低山丘陵，有槠类、楠、青冈、木荷、樟、柞等。竹林分布在海拔500米以下低山丘陵和村舍四旁。灌木、草丛，俗称茅草山，高低山均有。

自然之美

天姥山包括天姥山、大佛寺、十九峰三大景区。

天姥山

天姥山景区位于浙江省新昌县东南 18 千米，景区山麓盘桓数十里，峰峦叠嶂、千姿百状，不同于北方山

金银台　贾栋摄

型的"雄、奇、险、峻",天姥山山势是以"灵、秀、幽、逸"为美学特征,具有层峦叠翠、烟雨朦胧、碧湖清溪、茂林修竹、千古胜迹等江南典型风景的灵秀之美;也有"半壁见海日""拨云揽胜""海天云蒸""银山雾凇"的山河壮阔之美,更有悠久灿烂的历史人文景观,是中国名士禅学、山水诗词发展历史的物质载体。景区的自然与人文景观各具特点,以青山碧水、名士诗源为其特征,同时自然风景与文化史迹、诗词书画、名士故事等丰富人文要素高度融合、交相辉映,使天姥山的灵秀风景更具人文荟萃、内涵丰富的山水文化价值。

金银台项目位于天姥山景区山顶区域海拔 900 米的最高峰,是天姥山景区的标志性节点,建筑面积约 180

天姥山　潘伟峰摄

平方米，占地面积约为70平方米，为山顶的建筑观景台。节点设计取意于李白《梦游天姥吟留别》中的著名诗句"青冥浩荡不见底，日月照耀金银台"，设计将这诗中的玄幻之景呈现在了天姥山的最高峰，使其成了天姥山名山公园文化的地标性景点。站在金银台既可一览景区的延绵群山，也可远眺新昌县城区的全貌。

十九峰景区　新昌文旅提供

　　天鸡台项目位于天姥山景区山顶区域的又一高峰，与金银台遥相呼应，平台建设总面积约为2100平方米。节点设计也取意于李白《梦游天姥吟留别》中的著名诗句"半壁见海日，空中闻天鸡"，由天鸡雕塑平台和建筑观景平台两部分组成。其中建筑观景平台分为上下两层，上层为观景区域，下层为室内商业服务空间。站在平台上近可俯瞰景区大草坪和周边自然村落，远可眺望新昌沃洲湖以及云海日出之景。

云之台项目位于天姥山景区南部的半山腰区域，项目平台建设占地面积约 3400 平方米，是天姥山景区拍摄云海景观的绝佳摄影点，也是印证李白《梦游天姥吟留别》中"天姥连天向天横，势拔五岳掩赤城"最形象的现实节点。项目根据场地地形高差，设计成了三个高低错落的观景平台，并配备了一处室内文化展示类茶室，因其秀美的景观与独特的设计，广受游客们的好评。

十九峰

十九峰景区位于浙江省新昌县西南 22 千米，总面积 30.6 平方千米，由十九峰、千丈幽谷、重阳宫、台头山、倒脱靴等五个景区组成，是以观光、游览、度假、科考为主的山水型旅游景区。景区内有人文与自然景观百余处，以雅、幽、奇、险为特色，融峰、谷、洞、溪、瀑为一体，山脉绵亘，峰峰相连；台地高峻，恢宏开阔；深谷险壑，叠瀑飞泉；江流蜿蜒，清溪碧潭，是地质学上典型的丹霞地貌和国内罕见的最大的丹霞群之一，也是硅化木国家地质公园。景区兼具"桂林之秀、漓江之美、雁荡之奇"，素有"小桂林""浙东张家界"之美誉。

🏔 人文荟萃

天姥山名山公园作为浙东唐诗之路精华地，人文荟萃，有众多著名的人文景观。如大佛寺、千佛岩造像、迎仙桥、天姥古择道等。

大佛寺

大佛寺景区位于浙江省绍兴市新昌县城南明街道，始建于东晋，是集观光朝圣、地质科普、民俗体验、禅意休闲于一体的大规模、多功能、综合性的国家 AAAA 级旅游景区，拥有国家级风景名胜区、国家地质公园、全

大佛寺景区露天弥勒大佛

国重点文物保护单位、全国重点开放寺院、央视影视外景拍摄基地等品牌。全寺以石窟造像为特色，佛像规模宏大，历史悠久，立有一千六百多年历史的石弥勒佛，是中国南方仅存的早期石窟造像，被誉为"越国敦煌"。大佛寺占地共 25 平方千米，坐西朝东。大门后是观景步道，左侧有双林石窟，千佛院及佛心广场，右侧主要有射雕村，木化石林恐龙园，佛山圣境，五百罗汉洞，般若谷等景点。

大佛寺有著名的石弥勒像，镌造于南朝齐永明年间（486—516），经僧护、僧淑、僧祐三代僧人历时30年雕刻而成，世称"三生圣迹"，为现存世界上最为古老的石窟大佛。石窟造像通高16米，头高4.8米，耳长2.8米，两膝相距10.6米，作跏趺坐，呈禅定印。造像精美，誉称江南第一大佛。

千佛岩造像也是大佛寺的标志性人文景观，镌于南朝齐永明年间（483—493），有大小两窟。大后壁居中雕释迦坐像，像左侧列千佛四区，右侧列六区，共1020龛，1040像。在左右千佛区两侧各雕护法像一尊。小窟有龛像35尊。为我国江南地区现存时代较早、规模较大的石刻造像，是研究我国南朝佛教造像艺术的重要实物例证之一，具有较高的历史和艺术价值，为全国重点文物保护单位。

迎仙桥

迎仙桥为采用干砌的单孔悬链线型石拱桥，是浙闽古干道上的重要桥梁，雄跨于惆怅溪上。桥实测全长25米，净跨15.2米，矢高7.7米，桥面宽4.6米。清道光甲辰年（1844）重建。迎仙桥是我国古代石拱桥优秀桥型的新发现，桥梁简洁而其拱券结构特殊，具有较高科技价值，为全国重点文物保护单位现已收进中科院委托唐寰澄教授主编的《中国桥梁史（古代）》中。

天姥古驿

天姥古驿道是天姥山、新昌县作为"浙东唐诗之路"精华地的重要空间载体，其贯穿规划区南北，区内总长约 20 千米。其中班竹村、会墅岭、天姥寺至冷水坑等若干段落现今仍保存着较为完整的古道风貌，古道沿线现存"六铺、三关、三岭"以及古桥古井、古庙祠堂等丰富的历史文化遗存，整体展现出"羊肠转咫尺，故道延千里"、古朴幽静的历史氛围。此外，天姥古道承载着流传千古的历史故事与民间传说，如司马子微隐天台山而悔、谢灵运开山劈道、李白登临天姥、刘阮桃源遇仙等，为古道胜境增添了沉淀深厚的历史神韵。

司马悔桥

天姥山还有著名的司马悔桥，又称落马桥，位于班竹村。据南宋嘉泰《会稽志》记载，该桥位于县城东四十里。落马桥是一座单孔石拱桥，桥面呈略微圆弧形，长 32 米，宽 5.8 米，无栏杆和边牙石。桥台建在山涧基岩上，侧墙和拱碹用不规则石料砌筑。拱碹为近似半圆形镶边纵联式结构，无拱眉，碹脸与侧墙齐平，跨径为 10 米。据传唐代著名道士司马子微曾隐居在天台山，曾四次被武后、睿宗、玄宗征召，最后一次无奈出山，牵马过桥，回首一望，见群山含烟凝翠，桥下溪水长流，不禁悔恨不已。落马桥历来备受诗人青睐，清代陈宁爕曾有《悔山悔桥考》一文。该桥于清道光二十四年（1844）重建，现已被公布为县级文物保护单位。

金华山

金华山色近天屬　一經盤行盡石梯
步步躋攀清漢近　時時回首白雲低風
喻藥氣石河限　水泛花光路即迷洞
口敷贊仙犬吹妳知羽客此真樓

唐代吳吉金華山詩

癸卯七月十六日雷崚書

◎ 张仁海《金华山色与天齐》（局部）

概况

金华山名山公园依托双龙国家级风景名胜区。金华山是一座自然奇山，位于神奇的北纬 30° 线附近，像一条长龙横卧于古婺大地，古称长山或常山，属浙江大盘

金华山云蒸霞蔚

山的支脉，主峰大盘尖海拔为 1314 米。金华山位于中亚热带北部，属于亚热带山地季风气候，气候温暖湿润，雨量充沛，光照充足，日照和无霜期长。

在地质构造上，金华山地区处于江山—绍兴大断裂的中部西侧，属江南古陆的钱塘江凹陷区，山体以流纹岩为主。金华山拥有丰富的喀斯特地貌和规模庞大的溶洞群，在长达 25 千米的带状石灰岩层中，分布着 50 多个溶洞和多条地下河、一个地下湖，自古即有"五湖十景"之称，具有代表性的是九龙、双龙、六洞山等溶洞群。金华山溶洞内景观神奇震撼，双龙洞水石奇观，卧舟入洞堪称一绝；冰壶洞银河倒泻，是中国最大溶洞瀑布；朝真洞一线天移步换景，奇妙异常；仙瀑洞惊险刺激，落差 73 米的洞瀑为吉尼斯世界之最。洞奇、石怪、山幽、水秀、山水妙合，林洞掩映，金华山的山林水石景点多达 300 多个。当氤氲的仙气袅袅升起，一切生灵在这儿都显得韵味十足。

金华山作为金华市的重要生态功能区，从 1956 年开始，经过半个多世纪的植树造林和封山育林，金华山森林覆盖率已达 90% 以上。自三叠纪末期以来，金华山基本保持着温暖湿润的气候，植物生长繁茂，种类丰富，森林植被类型多样，同时，第四纪冰川对金华山影响不大，因此，金华山植物中保存着许多古老的孑遗植物及系统演化上的原始科、属，国家二级以上保护植物有银杏、杜仲、凹叶厚朴、浙江楠等。金华山林区内繁茂葱郁的森林植被为野生动物的栖息繁衍提供了良好的生态环境，野生动物种类繁多，其中还有穿山甲、白颈长尾雉、小灵猫等国家一级保护动物。

自然之美

　　金华山得天独厚的自然条件孕育了独具特色的自然景观。有双龙洞、冰壶洞、朝真洞等特色溶洞景观；有可以俯瞰整个金华市区的尖峰山；还有夏天消暑嬉水的绝佳去处——鹿女湖，可谓处处有风景。

金华山岩溶（喀斯特）地貌

金华山溶洞

金华山的溶洞景观久负盛名，明代著名旅行家徐霞客在崇祯年间曾经深入金华山溶洞观光游览，同时进行一系列的考察研究活动，这次的金华山之行也是徐霞客晚年"西南万里逞征"的重要节点。崇祯九年（1636）十月初八到十月十一的 4 天里，徐霞客披星戴月，爬山越岭，马不停蹄地考察自然地理，也感受人文风情，并且在他的《浙游日记》中留下了详细的记述。根据他在游记中的记载，朝真洞洞门开敞宽阔，里面逐渐向下低陷，进到深处，洞的左边有一个孔穴，如同夹室，顺着它曲折向前，夹缝尽头处有水往下滴，然而缝隙底部仍然是干燥的，不知水流到哪儿去了。出了夹室，直探寻到洞底，洞底二大石头高低错落，仰眺愈加弯隆，俯瞰愈加深邃。从石头缝隙间或上攀或下坠，又见到一个巨大夹孔，忽然有一缕光线从天空中照下来。原来洞顶高高盘踞在千百丈之上，圆形的一个小石孔从下面招引来日光，宛若一弯新月，幽暗中见到这一片光亮，无异于明珠宝炬了。走出内洞，左边又有两个洞，下洞延伸进去不多远，上洞也如夹室一样曲折，右边有一个悬空的孔穴，从孔穴中向下窥视幽深无底，所以徐霞客猜想那里就是内洞的最深处。

冰壶洞位于从朝真洞向下坠陷的第二层山间，洞口仰朝上如同张开的嘴。徐霞客先向里投进拐杖扔下火把，只听得到滚滚的声音而见不到底；于是他们攀着石头间的缝隙凌空进到洞口深处，忽然听到水声轰轰作响，他们手持火把寻着水声再往里走，见洞的中央，有条瀑布从中泻落，流水溅起的冰花玉屑，在黑暗中闪耀出洁白

冰壶洞

的光彩，只见水泻落在石头间，又不知从何处流走。

出了冰壶洞，徐霞客直向下走一里左右，见到双龙洞。此洞有两个洞门，一个朝南，一个朝西，都是外洞的门。洞空阔宏畅，如宽大的楼房高高隆起，门窗四开，不再是曲房夹室的景象。流水从洞后穿过内门向西流出，经过外洞流出去。俯视水流出去的地方，岩石低低地覆盖在上面，仅余下一尺五左右的孔隙，正如洞庭东山的孔穴，必须身体贴着地下才能进去，不同的只是那里下面是土而这里下面是水。于是徐霞客寻来水上载具，躺卧在上面进入隘口，隘口长五六丈，后面则高弯广阔，一块石板平架在空中，离地数尺，大有几十丈，薄的仅有几寸，左面有石钟乳向下垂吊着，色泽光润形态多变，就像是玉柱和作为仪仗用的华贵旗帜，纵横排列在洞中。它的下面分出小门裂开缝隙，小门内缝隙曲折，石头玲珑。溯水再进去，过水的小洞更加低伏，无法容身体通过。

小洞侧面石头旁边的一个小孔中有水流涌出来，孔大仅能容指，水从其口流出来，异常甘甜清凉，这大概因为内洞比外洞更加深广。

金华三洞的奇异美景给徐霞客留下了深刻的印象，徐霞客评价朝真洞以孔隙漏下天光为奇；冰壶洞以瀑布风景为奇，而双龙洞则以洞中水陆景观为奇。

尖峰山

尖峰山是金华人的母亲山，海拔427米，古称芙蓉峰，屹立于金华城北，是金华古城两千多年来的自然地标，从市中心驱车沿八一北街一路向北只需二十分钟就可到达。登顶尖峰山需要攀爬一千八百多级台阶，大多数人约需要一小时登顶，每天到这里登山赏景的人络绎不绝，很多是金华本地的居民，以锻炼为目的，定期到此处爬山健身，也有外地游客，专门为了登高俯瞰金华府城而来。尖峰山的山路并不算崎岖难行，但沿路的风景依然令人惊艳，山上树木葱郁，山中的空气清新自然，游人可以在此与自然亲密接触。爬到山顶，整个金华府城尽收眼底，由近及远，芙蓉湖、浙师大、世贸饭店、

尖峰山　高和平摄

古子城、婺州公园、婺江依次展现在游客眼前，如一幅醇美的城市画卷。

鹿女湖

金华山上有一个鹿女湖，鹿女湖的名字充分体现了金华山深厚的历史文化，清光绪《金华县志》卷十六载"邑相传宋玉女驯鹿而耕"，湖名因此而来。相传南朝宋时，鹿田村有一位善良、美丽叫玉女的姑娘，十八岁那年父母双亡。一年春天，连日暴雨，玉女冒雨给涧畔的麦田排水，遇山洪暴发，玉女冒着生命危险跳入洪水将一只在洪水中挣扎的小鹿救上岸，并带回家精心照料，从此小鹿与玉女相依为命。玉女润畔彻田育秧、种稻，小鹿帮着撬石挑土、拉犁代牛，深得村民喜爱，玉女更是视如珍宝。秋去冬来，金华山连降大雪，齐膝积雪封住了山里人进城的道路。玉女和乡邻们都缺油少盐了。小鹿主动帮乡亲们下山赈油盐，只半日，小鹿就购回了油盐。此后，一次又一次，小鹿帮玉女和乡亲解除缺油少盐的烦恼。可有一天，小鹿在去城里为村民们买盐购物途中，被村中一个懒汉偷走，杀了吃肉。少女对小鹿日夜思念，每日登峰眺望，盼小鹿归来，但声声愁叹和滴滴泪水已盼不回小鹿的归来，后来，村民把玉女望鹿的山叫做"白望山"，并为她立石像纪念，而鹿田村也因耕田小鹿得名，鹿田村旁的湖也被称为鹿女湖。

鹿女湖环境优美，湖水清澈见底，是浙江省内少见的高山湖泊，有金华版"洱海"之称，因"仙山、圣水、幽林"特色而深入人心，像是一面落在青山内的镜子，在山野之间闪耀。环湖建有游步道、亲水栈道3000米，打造了沿湖景观带，"仙山、圣水、幽林"特色鲜明。

鹿女湖　吴潮宏摄

人文荟萃

金华山的自然风光吸引了无数文人墨客前来，在历史上留下了许多佳话，金华本地的佛、道、儒三教文化也丰富了金华山的文化底蕴。早在5000多年前的良渚时期，金华山就有先民居住，2000多年前就有文字记载的三源文化现象，成为荟萃古婺文化的重要宝库，承载着婺州文化的历史传承，一座金华山，因兼容佛、道、儒三源文化而名传千古，是我国少有的集"佛、道、儒"三教于一体的文化名山。金华山被列为道教"第三十六洞天"，黄大仙传说也发源于此，南麓有南朝梁武帝敕建的江南名刹智者寺和被誉为八婺儒宗的鹿田书院，山中还有刘孝标隐居讲学之地"讲堂洞"等。一处处人文景观如金华山上的明珠，使得这座屹立千年的名山熠熠生辉。

智者寺

金华山禅林茂盛，佛法浩大，诸多禅寺中，尤以智者寺规模最大。智者寺，故址位于金华山南麓，尖峰山之西。该寺原为南朝梁楼约法师道场，又名智者广福禅寺，智者圣寿禅寺，俗称北山禅寺，北山禅院。宋宁宗嘉泰三年（1203），仲玘方丈主持重修。南宋著名爱国诗人陆游曾为重修智者寺撰写《重修智者广福禅寺记》，并以手迹勒碑。在重修期间，陆游还给住持仲玘方丈写了八卦书札，《与僧仲玘八札》也以陆游手迹刻于上述之碑的碑阴。

明万历十年（1582）金华知县汪可受又主持重修。

智者寺　孙永丹摄

民国时期，部分殿宇毁于火。1949年后，智者寺故址因建水泥厂而毁，仅《重修智者广福禅寺记》碑尚存。20世纪60年代，部分苏联专家曾亲临金华山，实地考察智者寺故址，并瞻仰陆游的《重修智者广福禅寺记》碑，目前这块碑早已被存放在金华市博物馆内。

2008年6月，浙江省民宗委正式批准复建智者寺，并于2015年1月17日举行了隆重的开光

陆游手书碑刻《重修智者广福禅寺记碑》

仪式，这座距今有1500年的智者寺又以崭新面目耸立于金华山南麓。

黄大仙祖宫

道文化在金华山也有丰富的传承，东汉《越绝书》卷二《越绝外传记吴地传第三》中有载："乌伤县常山，古人采药也，高且神。"自秦王政二十五年（公元前222）至东汉初平三年（192）之间，金华属乌伤县，常山，也称长山，为金华山古名。早在东汉时，就有文字记载"古人"常在常山中"采药"。可见金华山道文化现象面世之早，属全国群山之首。

金华山道文化的诸多分支中，对世界影响最大的当属黄大仙文化。黄大仙，即晋代黄初平，黄初平在金华山遇赤松子指引，修道行善，叱石成羊。其除暴安民，

黄大仙祖宫　杨金辉

行善积德的事迹，至今被编写成故事，成为国家级非物质文化遗产而彪炳两千秋。1997 年秋，由香港赤松黄大仙学会捐资，在赤松山二仙殿后增建了元机殿、元辰殿、万圣殿、崇正亭等道文化载体建筑。21 世纪初，金华市人民政府在金华山鹿田东侧建造了黄大仙祖宫，再一次延续了金华山道文化价值的历史性、时代性和永久性。如今港、澳、台同胞前往赤松宫朝圣者接踵而至，金华山道文化远播东南亚各地。

另外，从南北朝到明代，前后有 16 位皇帝为金华山或重修赤松宫，或为赤松子、黄初平、黄初起颁封诰诏书，或召见赤松宫的黄冠师并赐号、赐物，或避难，或驻跸。金华山道文化能够震动那么多位皇帝，并亲自下诏封诰，这在全国道文化现象中是绝无仅有的。

金华山儒文化

在中国传承最多的儒文化也在金华山留下了深刻的文化印记。最旦在金华山隐居的著名儒学大家是东晋的文学家、训诂学家郭璞（276—324），字景纯，河东闻喜（今属山西）人。其居住地位于炼丹山之后，后称"郭公尖"。

在南朝宋、齐、梁、陈四代，著名儒家人物王素、沈约、刘峻（字孝标，即刘孝标）和阴铿，都曾隐居金华山。这样一大批儒学大家旦在南朝之前就结庐于金华山，悉心研究儒学，使金华山的儒学渊源积淀深厚。

这一批早期的儒学大家，尤以刘孝标的贡献最大。刘孝标是南朝梁著名学者、教育家，平原（今山东平原）人。曾任典校秘书，荆州户曹参军。南朝梁天监八年（509），弃官隐居金华山紫微岩著书、讲学，"吴、会人士多从之学"，其讲学之所，后人称为"讲堂洞"。

刘孝标在金华山讲学期间，撰有《类苑》120卷及金华山的第一部山志《山栖志》，影响深远。在金华山儒文化的影响下，至宋代，儒学饱学之士慕名登临金华山，如吕祖谦、唐仲友、陈亮、王柏等为数可观的儒学大家接踵而至，并在金华山南麓古城邑创建丽泽书院，为南宋时期全国四大名书院之一，逐渐形成金华学派，和永嘉学派齐名。金华被誉为"小邹鲁"由此而来。学派主张博采众说，经世致用，重视史学研究和授徒讲学等基本特色，对南宋至元、明的学术思想深有影响。

除讲堂洞、丽泽书院等儒家文化载体外，在金华山，故址位于斗鸡岩的山桥书堂，是南宋端明殿学士、吴郡侯王埜隐居处。王埜曾在道旁一巨石上勒字云："淳佑癸卯秋七日，始卜山桥小隐。宝祐乙丑春正月，上锡辰翰四大字。是冬十月筑书室。九岩一亭，参错山中。明年七月，落成而居焉。九月九日南北山人潜斋王埜子文书。"

儒文化的价值以其鲜明的个性傲立传统文化之林，吸引一批又一批文人墨客，或游览探胜或凭吊怀古，或题咏著文或筑庐隐居，登临金华山，为金华山留下大量宝贵的儒文化遗产。

无论是佛文化、儒文化，还是道文化，历2000余年之传承创新，金华山的三源文化价值与日俱增，不仅为世人所接受，而且被世人所利用。金华山独有的优美自然风光与三源文化中的正能量正在被不断蓄积驱动，兼容并蓄，与时俱进，源源不断地发挥其积极意义。

方岩山

方嚴山 浙江金華方岩山巖奇特素有人间仙境之稱四面如削直聳雲天峻陰非凡遠望如城堡方山故名方岩有詩云天造方岩迴不群橋飛嶺挂水穿雲拾阶絕壁無它径迂曲空音獨自闻才是風和恬逸逸俊间雨涠嘯紛紛玲瓏剔透清靈地終是蓬萊遜半分 林笑生寫

◎ 林笑生《方岩山》（局部）

◢ 概况

　　方岩山名山公园主要依托方岩风景名胜区。方岩风景名胜区位于浙江省永康市东部，金衢盆地东缘，地属半山区，中亚热带季风气候区的低山丘陵地带，海拔400米，属典型的丹霞地貌。全区总面积152.8平方千米，

分南北两区，南部核心景区方岩区99.2平方千米。

属中亚热带常绿阔叶林北部亚地带，浙闽山丘甜槠、木荷林区，由于丹霞地貌形成的峰岩、峡谷、溪流、潭瀑多种地形。

方岩山地处中亚热带北部，整个景区森林覆盖率65.4%，植被覆盖率88.03%，景区内植物资源丰富，种类繁多，主要有亚热带常绿阔叶林、针阔混交林、常绿针叶林、灌木林和竹林。据不完全统计，景区内有各种维管束植物168科1100多种，国家一级保护植物2种、二级保护植物7种、有8种植被型，30多种群系。景区内四季常绿，四时有花，景色宜人，物种丰富。

景区内有陆生脊椎动物28目71种168属256种，其中兽类47种，鸟类156种、爬行类33种、两栖类20种；属国家一类保护动物5种，二类保护动物24种。

方岩位于江山—绍兴断裂带之南侧。距今十亿年前，浙西北中元古代双溪坞群（江南陆块）与浙南中元古代陈蔡群（华夏陆块）开始碰撞挤压，之后北侧地块相对下降形成晚元古代前陆盆地和古生代拉伸盆地，相应沉积了巨厚的沉积物。而南侧地块长期隆起遭受剥蚀，直到中三叠世末印支运动之后，才在局部地区沉积了晚三叠世乌灶组含煤地层，早、中侏罗世为河湖相为主的含煤岩系，晚侏罗世磨石山群为一套很厚的中酸性火山岩、火山碎屑岩夹沉积岩。闽浙运动产生一系列北东向断裂，形成永康簸箕状断陷盆地，沉积了早白垩世永康群巨厚陆相碎屑岩，尤其早白垩世晚期形成方岩组紫红色砾岩夹砂岩层。在断裂切割、以流水为主的外动力作用下，形成了方岩典型的丹霞地貌。

丹霞地貌景观　李诚实摄

　　永康方岩是永康群方岩组地层建组的地点。这一套中生代紫红色中—粗砾岩夹砂岩层十分典型。而且形成的丹霞地貌景观不仅十分雄伟壮观，而且其地貌种类十分丰富多彩。

　　综上所述，方岩风景名胜区，发育了早白垩世最典型的河湖相紫红色粗砾岩，在北东向、北西向断裂带切割，以河流为主的外动力作用下，形成了种类繁多、形态优美、气势雄伟的丹霞地貌景观。具有极高的科学价值和美学价值。

　　现代著名作家郁达夫在《方岩纪静》中写道："从前看中国画里的奇岩绝壁，皱法皴迭，苍劲雄伟到不可思议的地步。现在到了方岩，向各山略一举目，才知道南宗北派的画山点石，都还有未到之处。"

自然之美

　　方岩风景区内旅游资源种类丰富，共有旅游资源类型 42 种，旅游资源单体 172 个，其中 5 级单体 1 个，4 级单体 7 个，3 级单体 25 个，特色明显，品位高，组合关系密切。方岩景区以典型的丹霞景观、深厚的人文底蕴、悠久的历史沉淀、独特的民俗风情，每年吸引了大量的游客。

方岩美景

毛泽东语录照壁

方岩山

方岩山是方岩风景区的核心景区，以雄奇峻险著称。方岩山高400米，方圆约3千米，平地突兀，四壁如削，峰顶与峰脚面积相差无几，气势雄伟，酷似擎天方柱，故名方岩，是丹霞地貌特征最明显、发育最完全的区域，素有"人间仙境"之称。享誉江南的胡公大帝坐镇方岩山，老百姓有口皆碑，毛泽东盛赞胡公："为官一任，造福一方。"景区内的省级廉政教育基地以胡则勤廉文化、陈亮廉政思想及永康革命传统文化为主题，通过石刻、图板、书籍、照片、书画、视频等系统展示具有当地特点的优秀勤廉文化。每年组织党员干部接受廉政教育5000人次以上，为廉政教育和廉政文化建设发挥着重要作用。

五峰书院"东鲁春风"

五峰景区

五峰景区以鸡鸣峰、桃花峰、覆釜峰、瀑布峰、固厚峰五座奇峰环拱而得名。景区幽静舒适，空气清新，环境优美，所有石洞建筑均即洞支木建楼，依覆崖为顶，不施椽瓦，冬暖夏凉。历来是文人墨客的荟萃之地，南宋著名学者陈亮、朱熹、吕东莱曾在五峰书院著书立说，是以陈亮为旗手的永康学派的发祥地。永康学派和永嘉学派、金华学派形成的浙东事功学派，曾经一度与程朱理学相鼎峙，在中国学术发展史上占有非常重要的地位。抗日战争时期，国民党浙江省政府为躲避飞机轰炸，于1939年搬迁到五峰重楼办公达4年之久，留下了烽火年代人民流离失所，就连"县政府""市政府"乃至"省政府"也不得不挑担流亡的颠沛缩影，是浙江省内保存最完整、最具抗日研究价值的地方。

石鼓寮影视城

石鼓寮影视城是一个山清水秀、石怪峰奇、兼具田园风光的景区，其独特的丹霞地貌、奇异的峭峰绝壁、七彩的鸳鸯飞瀑、如镜的碧天玄湖以及遮天的幽深竹林等优美的自然景观博得了影视导演们的青睐。2002年著名制片人张纪中以石鼓寮为外景基地拍摄《天龙八部》一炮走红后，慕名而来石鼓寮影视城拍摄的剧组与日俱增，《仙剑奇侠传》《新少林寺》《花千骨》《芈月传》、《太极门》等数百个剧组竞相移机在此拍摄；一时间刀光剑影、群星荟萃，石鼓寮影视城声名鹊起，被业界人士誉为可与横店影视城相媲美的"东方好莱坞双子星座"。

人文荟萃

国家级非物质文化遗产——方岩庙会，起源于纪念"胡公"的朝拜活动，胡则（963—1039），是北宋名宦，宋宣和至宝佑间，历代皇帝不断加封，胡则便由臣到侯、由侯到公。由于他"为官一任，造福一方"，民间百姓奉之为"胡公大帝"，立"胡公庙"祠祭。

胡公祠

胡公祠又叫屏风阁，位于被称为狮子咽喉的石洞之中，洞深10.75米，宽18.7米，支木为柱，不施椽瓦。前围照壁，侧通二门。殿内居中而坐的是胡则雕像。胡公坐像后原有井，深不可测，曰研井，俗称狮子喉管。屏风阁的胡公祠是方岩香火最盛处，也是方岩唯一逃过"文化大革命"的浩劫，保存完好的古建筑。

文化资源胡公祠

　　胡公祠内供奉清官，它并不是神，也不是佛，而是人。他姓胡名则，婺州永康胡库村人，是北宋时期的一名清官，在他任官期间清正廉明，颇有政绩。百姓感恩戴德，有口皆碑。在胡则去世之后，为他立庙祭祀，敬若神灵。

　　胡公祠不大却是香火旺盛，每年农历的八月十三胡则生日那天当地人更是举行隆重的仪式纪念胡公。在中国悠久的历史长河中，死后被后人记住的官员很少而被百姓奉若神明的更是少之又少，诸朝官吏当效仿之。胡公祠的后山向西远眺，有一片状如蒙古包的连绵山峰甚是壮观，他有个好听的名字"天下粮仓"。

　　毛主席在开完庐山会议返京途中路过金华，当时他召集各县县委书记座谈。当他问永康县委书记马蕴生说："你们永康什么最出名？"马书记脱口而出："五指岩生姜。"毛泽东摇摇头说："不是什么五指岩生姜。你们那里不是有块方岩山吗？方岩山上有个胡公大帝，香火长盛不衰，是最出名的了。他为人民办了很多好事，为官一任，造福一方，很重要！"如今，这八个大字就镌刻在胡公祠前照壁上，与进山的入口处的宋高宗御书"赫灵"照壁遥相呼应，辉耀久远。

方岩庙会

庙会开始于宋代，发展成形于元明，鼎盛于清代，是在浙江省永康市胡公祠举办的民俗活动，活动的核心内容是"迎案"，即"迎罗汉、拜胡公"仪式活动。庙会时间为每年农历八月初至九月重阳节，历时五十余天，八月十三前后和九月重阳前后为两个高潮，形成底蕴深厚的胡公文化。

庙会活动的核心内容是"迎案"，即"迎罗汉、拜胡公"仪式活动：胡公神座（俗称"胡公案"）巡游，卤簿仪仗扈从。由数一或上百名青壮年组成的罗汉班（俗称"迎罗汉"）随其后，表演武术杂耍。亦有歌舞队，或跟随罗汉班之后，或单独活动，民间舞"十八蝴蝶"和舞狮"九狮图"是闻名遐迩的传统节目。参加庙会的罗汉队多达四五百支，分属民间72个"胡公会"。

从整个仪程来看，大致可以分为准备、起祭和祭拜三个阶段。准备阶段的主要事项包括筹集资金、聘请拳师组织训练、备办参加庙会所需的行头道具等内容；起祭阶段是由开殿门、搬演"胡公戏"、祭叉仪式、游案等环节组成；而朝拜阶段可以说是整个仪式的高潮，包括了迎案、换香火、打回头案、归案等流程。庙会期间有罗汉班、非遗歌舞展演（九狮图、十八蝴蝶等）等，是江南一带最著名的庙会之一。

　　方岩庙会作为一种地域性文化传统具有重要的人文价值，主要体现为三个方面：第一、它是当地及其周边民众的一种精神生活方式；第二、它寄托着民众的情感和对美好生活的向往；第三、它体现着华夏儿女在历史发展中的思维方式和信仰观念。

江郎山

江郎山古稱玉郎山俗稱三爿石三石呈川字形排列
有三石凌空拔地起壁立千重刺破天之譽東南一
石為郎峯體形龐大魁如城堡中間一峰曰亞峯上大
下小如劍揷峰西兆一峰為靈峰體態渾圓泰然
穩坐江郎山以奇特險著稱山之林木蔥郁繁枝茂
密雲霧嵐弥漫煙嵐迷亂霞光陸離風光綺旋
歲次癸卯秋月於江山陳明文寫

◎ 陈明文《江郎山》（局部）

◢ 概况

　　江郎山名山公园建设面积约 770.19 平方千米，分为中心区和辐射区，其中，中心区为江郎山国家级风景名胜

区内的 5 大景区（包括江郎山世界遗产范围），总面积约 44.58 平方千米；辐射区为自然保护地周边联动发展区域，包括周边的清湖街道、石门镇、凤林镇、峡口镇、保安乡、廿八都镇等 6 个与江郎山风景名胜区关系紧密的乡镇，总面积约 725.61 平方千米。江郎山是江山乃至浙江省自然景观最独特、自然遗产最精华、生态系统最重要的自然保护地，主景点三爿石是全球最高大、最雄伟、最壮观的丹霞孤峰奇观。江郎山生态优势得天独厚，有国家重点野生植物 22 种，国家一、二级保护动物近 30 种，森林覆盖率达 95%，大气和水达到一级标准。

江郎山，位于江山城南 25 千米处的石门镇，古名金纯山，须郎山，玉郎山。《文思博要》中记载："有江氏三兄弟登巅化为石，故又名江郎山。"主峰海拔819.1 米，总面积 11.86 平方千米。与众多名山相比，江郎山的高度并不算高，面积也不算大，但她却是江山人心目中的神山、圣山，更是江山人的图腾，江山精神的化身。"江山"的城市之名因此而得。

2010 年 8 月 2 日，江郎山与广东丹霞山、贵州赤水、湖南崀山、福建泰宁大金湖、江西龙虎山以"中国丹霞"的名义捆绑申遗成功，江郎山成为浙江省首个世界遗产、江浙沪唯一的世界自然遗产。

在全球生物地理分区上，江郎山属于古北区中国亚热带森林生物地理省。整个景区发育有 12 个植被型、35 个群系、80 个群丛。亚洲东部中亚热带的 5 种典型湿润常绿阔叶林发育良好。而且江郎山还在岩壁缺水的地质环境下孕育出一种独特的原生岩壁植被—原生岩壁常绿灌丛矮林。

🔖 自然之美

江郎山名山公园自然资源丰富，文化底蕴深厚。江郎山融老年期丹霞地貌、峡谷画廊自然风光、花岗岩岩块型山岳等多种自然景观于一体，其中以老年期丹霞地貌为特色的江郎山景区是浙江省至今为止唯一一处世界自然遗产。

江郎山

江郎山

江郎山国家级风景名胜区奇山秀水纵横交汇，生态人文交相辉映，特别是核心景区江郎山，以雄伟奇特的"三爿石"著称于世，素有"雄奇冠天下秀丽甲东南"之誉。三大石峰，拔地如笋，摩云插天。三爿石受造山运动影响，盆地中的沉积岩抬升，形成了一整块山体，历经漫长的地质年代，刮风下雨不断侵蚀着山体的垂直节理，山麓坍塌堆积，最终形成了我们现在看到的"顶平、坡陡、麓缓"的三座高大孤峰。

十八曲

这是一条蜿蜒于密林中的古道，因有十八个弯故名"十八曲"。十八曲全长500米，台阶520级。当年白居易、杨万里、辛弃疾等文人骚客都曾由此道登临江郎山饱览胜景，留下大量不朽诗文，所以"十八曲"名称不仅取弯曲之意，还兼指诗文词曲之多，是一条历经千年的登山古道。

一线天

一线天高312米，长298米，最宽处4米，最窄处只有3.5米，如此高大匀称且首尾宽距相等的"一线天"，在国内丹霞地貌景点中仅此一处。因此，江郎山的"一线天"被华东56位地质专家一致勘定为"中国丹霞一线天之最"。

一线天两边的崖壁，平行而笔直，仿佛大自然的巨斧劈出一般，左边的峭壁是怪石裸露、寸草不生；而对面的峭壁上却林草茂盛、一派生机。这个奇特的景观当地人称之为阴阳壁。主要跟山体形状有关，左边的山体成倾斜的三角形状，上大下小，犹如一把大伞。因此，外面即使是倾盆大雨，石壁上也依旧滴水不沾。反之，另一面山体石壁上的植被因为有了生长必要的水分，反而茂盛异常。

登天坪

明嘉靖年间，江山人周文兴（官至鸿胪寺卿），人称周鸿胪。辞官还乡后在江郎山修炼。其间，请来大批工匠，欲在此搭架"登天"。可惜连续搭了三年，尚未到顶，桩脚却已霉烂，登天桁架与登天梦想一起崩毁。而登天坪之名也因此得名。

1987 年，由江山市政府投资，当地石匠徐日位带队，开始了长达三年的登峰之梦。至 1990 年，共完成石阶 3500 余级，郎峰天游从此正式对外开放。郎峰的崖岩上有一块石碑，上书"灵石回风"四字。说的是此处的一个奇特现象：每当大风起时，可见漫天的落叶，如万千只彩色的小鸟绕着亚峰飞翔，起起落落，盘旋翻飞，恍惚如梦境。

从登天坪至顶峰，垂直高度有 225 米。为了尽量减少对山体的伤害，郎峰的所有石阶均是顺着石壁岩层走势而开凿的，最宽处不过尺余，最狭处刚够立脚。在全省几千个景点建设中，郎峰天游被评为十七个最佳景点之一。北大谢凝高教授称赞其"远看若无路，近看却有道，道险而不危"。

一层覆一层的砂砾岩中的砾石来自南东方向石英正长岩、熔结凝灰岩及玄武岩，记载了晚白垩世山地剥蚀、盆地堆积的历史。穹状凸坡上的弧形肌理、斑状崖上的风化鳞片与生物膜是地貌形成的演化机理。

人文荟萃

江郎山拥有传承自五代的开明禅寺、千年学府江郎书院、为纪念徐霞客三游江郎山所开辟的石亭——霞客游踪等丰富的人文资源。明代大地理学家徐霞客，曾三游江郎山，留下游记2600余字，为江郎山增添了丰富的文化内涵。

开明禅寺

开明禅寺始建于宋天禧二年（1018），墙上"开明禅寺"四字是原全国政协副主席、佛教协会会长赵朴初所题。门墙上"南无阿弥陀佛"为弘一法师所留笔迹。

五代后晋开运年间，湖州高僧仪晏游江郎山，入定于钟鼓洞岩石龛中，经年始出。出关以后，束发披肩，后被吴越国王钱镠赐号"开明禅师"。70年后，当地人在此兴建了寺庙，取名"开明禅寺"，旨为纪念这位高僧。历史上的开明禅寺曾屡建屡毁。明朝重修，清朝又毁于炮火。同治三年（1864），凤林人周兴一，周润一两兄弟，为纪念先祖周文兴又合资重建，后在"文革"中拆毁，1990年又再次重建，距今已有近千年的历史了。

霞客游踪

明代著名地理学家兼大旅游家徐霞客曾于1620年、1628年和1630年三次过江山，留有关于江郎山、浮盖山等地的游记2300余字。《徐霞客游记》中记载："悬望东支尽处，其南一峰特耸，摩云插天，势欲骞腾。问之，即江郎山也。望而趋，二十里，过石门街，渐趋渐近，忽裂而为二，转而为三。已复半岐其首，根直剖下；迫之则又上锐下敛，若断而复连者，移步换形，与云同幻矣！夫雁宕灵峰、黄山石笋，森立峭拔，已为诡观，然俱在深谷中，诸峰互相掩映，反失其奇；即缙云鼎湖，穹然独起，势更伟峻，但步虚山即峙于旁，各不相降，远望若与为一，不若此峰特出众山之上，自为变幻，而各尽其奇也！"1992年秋，在灵峰之西，峭壁之上，辟地800平方米，设"霞客游踪"景点，建霞客亭。

亭内楹联："遍访名山独尊江郎奇幻；长思伟著共仰霞客风流。"上联是徐霞客对江郎山的高度评价，下联则表达后人对他的景仰之情。

亭子边上还有关于诺贝尔文学奖获得者莫言的解说牌。2003年10月13日，莫言随作家采风团登上江郎山，留下了"踏平江郎山，夺回神仙笔"的豪言壮语。

江郎书院

江郎书院为唐初名儒祝其岱之子祝钦明始建，历经千年，先后有祝氏后裔10余人为之修墙扩建，填造瓦房20余间。1996年再次重建。

江郎书院的创办人——祝其岱，字东山，唐初宿儒。江山本地人，医通经史擅诗文，为两浙诸生所钦重。史学界称其为："诗无邪思，文有卓识，气浩词严，一扫当世芜秽之习。"朝廷曾授其银青光禄大夫，因不满武则天专权，坚辞不就，隐居江郎山设馆讲学。

宋代大文豪苏辙曾作《重修江郎书院赋》。鼎盛时期，四方负笈求学者"如云如雨"，并书写了一榜及第40余人的光辉历史。其中兵部尚书祝臣被封为上柱国、宣国公；祝允哲曾与岳飞并肩抗金，并上《乞保良将疏》为岳飞辩冤。

在尚未修建台阶的古代，可以想象学子们求学之路的艰辛与不易，正所谓"天将降大任于是人也，必先苦其心志，劳其筋骨，饿其体肤，空乏其身"。现在我们就可以走进江郎书院，聆听来自千年前的读书声，感受其中浓厚的文化氛围。

六春湖

六春湖名四其為湖實則為山位於浙西衢州
龍遊縣廟下鄉境內古詩云滿地綠春共我抹
一湖碧水任人看因其最高峯終年綠草如茵
橫如一潭碧綠故而得名四季幻景形成竹海花
海雪海雲海四海齊景六合同春之盛景
癸卯秋月徐正昇題記

◎　汤佳良《六春湖胜景》（局部）

概况

　　六春湖名山公园主要依托大竹海国家森林公园。六春湖，又名绿葱湖，名湖不为湖，是山更胜山，位于浙江龙游县风景秀丽的南部山区庙下乡境内，因其最高峰是江南罕见的沼泽化草甸型高山湿地，犹如一滩碧绿，

因而得名。六春湖是龙游最高峰，海拔1390.5米，山顶有一火山口，被当地居民称为"龙井"。六春湖方圆7平方千米，山势雄伟壮观，周围峰峦叠嶂，终年绿草如茵。

六春湖是江南罕见的大湿地，它是在火山地质地貌条件下形成的，在我国湿地资源中非常独特，具有很高的科学研究价值。山体由碎屑夹火山岩构成，呈南北走向，景区，雨时一山雾，晴时一天云，山顶不长树木，多草甸，湿如沼泽，地势平坦、连绵不绝，面积约3平方千米，展出人们面前的犹如蒙古大草原。

六春湖终年云雾缥缈，气候条件优异，年平均气温10—11摄氏度，年均降雨量为2400毫米。绿葱湖山上土壤富含各类微量元素，俗称"香灰土"，甚是肥沃。六春湖森林植被丰富，盛产中草药，有止血的地榆等，还盛产野生蔬菜，如黄花菜、蕨菜、水芹菜、古衣菜、马兰花、糯米菜等。这里一年四季氤氲缭绕，馨香四溢，丰富的植被资源，适宜的气候条件，成了黄麂、穿山甲、白凤凰、白鹤、野鹧鸡等野生动物栖息的理想场所。六春湖泉水资源丰富，山泉终年不断，也是柘溪水的源头，它清凉、甘甜，富含多种矿物和微量元素。

六春湖属国家一级生态保护区，区内林木繁茂，植被覆盖率在95%以上，加之雨水充足，水土流失少，所以水质洁净。对人体有害的元素含量很低，不影响人类的健康。而区内又没有工矿企业，也未发现重金属和其他金属矿床，各种有害和重金属元素的污染不存在，并且也没有农户和农田，因此植物、土壤与地下水均无污染，环境质量较好。

🔖 自然之美

　　六春湖自然风光秀丽，古人赞其"满地绿葱供我采，一湖碧水任人看"，风光旖旎。古时候视绿葱湖为藏龙卧虎之地，大旱之年，结队往六春湖求"龙水"。又习惯以绿葱湖顶峰云层变换卜晴雨，山上乌云笼罩，必雨，甚灵验。清邑人姜美琼曾写上《游绿葱湖》绝句："闻说潜龙有迈天，同济来访绿葱湖，山如壁立缘藤上，人似禽飞籍翼扶。万里遥看皆豁渺，片时少坐尽欢娱，名山夙慕游偏晚，今日方欣到此区。"

　　旧时人们还拒六春湖视为藏龙潜蛟的神地。六春湖火山口龙井方圆百米杂草丛生，柔软的草地，每走一步就有相互震动之感，龙井深不可测。这山顶的"湖"，包含着许多难解之谜。此处是以前衢龙两地农民"祷龙水"之地，这种习俗一直流传到解放前夕才消除。就在龙井下面有一条澄清碧透的水流悠悠而下，一年四季长流不息，令人称绝。

六春湖索道

　　六春湖先美的自然风光吸引着大量游客前来，现在六春湖已经被初步开发，游客可以乘坐索道上山游览，索道全程约用时 8 分钟，六春湖的索道技术相当先进，游客能在欣赏风景的同时悠然到达山上。坐索道的沿途能看到翠绿的竹海，游客还能居高临下地看着绵延山脉，领略六春湖壮美的景观。如果天气适宜，半山腰向上就会漫起大雾，乘坐索道到达半山腰以上，就如同进入了云上仙宫，让人感觉身在云端，缥缈如登仙，下面的竹海等景色更加虚幻，若隐若现，多了几分捉摸不透之感。乘坐索道到达山上，就能欣赏到无边花海的绝美景色。

杜鹃花海

六春湖的优越自然条件，催生出了六春湖的杜鹃

六春湖花海　周秋生摄

花海景观。乘坐索道上山，沿着栈道继续徒步前行，就能看到大片杜鹃花。因为六春湖的杜鹃花海地处海拔1100—1400米的山脊之上，所以花期要比其他地方的杜鹃花期晚一些，每年四月下旬至五月上中旬，才是六春湖杜鹃花海的最佳花期。杜鹃花的品种多样，有深红、淡红、玫瑰红、紫色、粉色、白色、黄色等多种色彩，构成了五彩缤纷的杜鹃花海长廊，这时，杜鹃树高两米多，万亩杜鹃怒花齐放，映红天际，若是晚霞时分去花海，就能看见天地一色的壮观景象，可谓美不胜收。在这些高山杜鹃中，品种最多的是云顶杜鹃和猴头杜鹃，有深红、淡红、玫瑰红，紫色、白色、黄色等各种颜色。过了杜鹃季，又到了六春湖的"黄七月"时节，黄花菜花谢又花开，同样让人心驰神往。

六春湖景观——云海映杜鹃　潘寅辉摄

古树名木

六春湖周边的山上还有许多名木古树，山中有生长了数百年的红豆杉，还有千百年树龄的樟树。这些树木为六春湖周边带来了无边绿意，也带来了清新湿润的空气，滋养着周边的百姓。有些树龄特别长的树木需要数人合抱，它们冠盖如伞，庇佑着、伴随着周边村庄的老百姓一代又一代，在这里生生不息。

◀ 人文荟萃

关于六春湖，也有许多有趣的地方传说和一些波澜壮阔的历史故事。

冰雪六春湖　官龙祥摄

六春湖传说

关于六春湖的起源，有这么一个小故事，六春湖原名绿葱湖，相传绿葱湖以前不是这样坎坎洼洼，起伏不平的，而是山顶有近百亩没开垦的肥沃土地。山峰东面有一口自然泉井，在这眼井里住着一条龙。每逢旱年人们来浙源里求龙水，非常灵验，有求必应，从此人流不绝。

有一年，金华府太爷丈量土地收税，这条龙便化成一个白面书生，自称是府太爷的朋友，来到金华府，府太爷因广交朋友，以为是曾有过一面之交的故人，便热情款待了他。书生自我介绍说："我家住龙游南乡浙源里村，名叫绿葱湖，那里有近百亩土地尚未丈量，请府太爷光临。"书生告别后，府太爷想起这事，打算亲自到浙源里去看看这百亩土地，便择下良辰吉日，到龙游南乡来。他走到浙源里，登上山顶，见百亩土地土质肥沃丰厚，私下想道：这可能是绿葱湖所在的地方。但环顾四周，云雾缭绕，不见人烟，绿葱湖究竟在哪儿？府太爷就疑惑地向山下连喊几声"绿葱湖"，只闻山峰回音不绝，却听不到回答。因为这条龙正躲在井里，没到出来化形的时候，所以听到府太爷叫喊，也不能走出，但为回应府太爷的叫唤，就只能从井里伸出一只龙爪。府太爷看到，知道上次作客的朋友，就是这条龙。为表彰他自报土地的功劳，便将此山命名为绿葱湖。

再说浙源里的人知道这事，深怪这龙多事，引来府太爷丈量土地，平白增加了他们税收，就带上许多人拿着钢针投进龙井。龙需要定期清洗龙井，以发水源，现在井内被投进了许多针，龙在清洗龙井时，就会被刺痛肉身，没法活动。于是为了摆脱困境，它就逃出龙井，来到梧村深田一座和尚寺里寄生。深田是个水源很不丰富的地方，吃水都要到山脚挑上来，每天只能挑两个来回。龙看到小和尚挑水这么艰苦，就向老和尚请缨，由他为寺院挑水喝，老和尚答应了。龙每天就为寺院挑水，没几天，大家都觉得很奇怪，别人挑一担水要半天，他却连一半时间也不要就能挑回来。老和尚觉得奇怪，就找了一天，叫小和尚跟在他的后头，小和尚看他走上岭头，把水桶放下，然后往左右桶各吐一口痰，水桶里就有满满一桶水，再稍歇一会儿，他就慢吞吞地挑回来。小和尚就把看到的同老和尚说："师父！我们都在喝他的唾液哩。"老和尚也觉得奇怪，就来找龙问原因，龙就告诉他："我本不是凡人，我是浙源里龙井里的龙。"老和尚说什么也不信："你口说是龙，可你怎么证明呢？"龙一想说："那好！我可以化作龙形给你们看，但是你们要把寺院里所有的水都倒干净，一滴水也不留，否则的话，我们都要同归于尽。"老和尚就把院里所有的水都倒干净，可以说完全没有水了，但是他却忘了一处，就是砚台里写剩的一点儿墨水。当龙显完全身，把龙尾一卷，那砚里的水顿时发起滔滔洪流，把整座寺院淹没；寺院里的一切都沉入海底，深田便也被水所淹没。水退后，那里的田地，就常年水分不干，直到今天还是那样，龙从此也再不能回原来的龙井了。而绿葱湖的龙井没有了龙，水资源就不丰富了，只剩下没有流尽的水成了细流淌出，时间一久，也就成了现在的沼泽，土地不再平整，也贫瘠了许多。

傅氏故居

六春湖山脚的长生桥村，还有民国时期当地望族傅氏家族的故居。傅氏故居是江浙典型的合院建筑，建于1935年，占地近300平方米，为二进三开间对合楼屋，主体建筑坐北朝南，走马楼结构，鼓形基础，三合土地面。受清末民初建筑之影响，融闽式风格和徽式风格于一体，别具一格，是龙游县民间古建筑中保留较好的一座民居。新中国成立前夕，傅氏故居曾是地下党的隐蔽活动场所。后来，"傅氏故居"被分给同村6户村民。2005年，"傅氏故居"的后人傅春龄、傅冬龄、傅永龄、傅剑飞、傅永清与龙游县文化部门达成故居捐赠政府之意向，花费8万多元买回了"傅氏故居"，并以捐赠的形式交给政府管理。傅老先生说："政府认为这幢房有保留的价值，而且能作为文物保护单位，这对傅氏家族来讲，是莫大的荣耀，莫大的关怀。"这件事，说明傅春龄为首的傅氏家族深明大义，无私奉献的思想品德，另外也给龙游县或衢州市文物保护工作开了一个好头，成为龙游文化遗产保护经典的范例。

傅氏故居进门左手边是傅氏商铺，现在还能清楚地看到"傅"字，这是当年傅春龄的父亲傅家鋆经营的商铺，整个龙南山区可以说无人不知，主要经营食盐、日常杂货和农用生产工具。傅老先生的父亲很会经商，自己很节俭，却对别人很慷慨，而且特别重诚信，一些老百姓没钱他都赊账，口碑非常好，生意一直都做得非常好，那个年代家底还算殷实。傅氏故居阊门券顶门额上书有"水木清华"匹个大字。在战争年代，傅家的傅春龄、傅冬龄、傅永龄、傅剑飞等也积极投身民族解放事业，为发展家乡做出了巨大贡献。他们的故事也向人民展示了六春湖和周边地区人民的文化基因，即勤勉、拼搏，为了国家和民族的发展而不懈奋斗。

六春湖的发展还在继续，今后这里还将有规划更完善、设施更先进的旅游区，也会有更多的文化故事为人所知，六春湖名山公园将会以更好的面貌迎接八方来客。

白雲山中雲如翼直上層峯窺八極

九龍已上雲長閒卻與山僧伴禪宿

吾將乘龍呼九雲軼下銀河洗鋒鏑

癸卯年夏姚毅涵謹制於杭州　🔲

◎ 姚毅涵《白云山》（局部）

概况

白云山名山公园主要依托白云山国家森林公园，位于浙南山区、瓯江中游的丽水市城区北部，紧邻丽水城

区，是丽水城区的重要组成部分，规划总面积2587.33公顷。森林公园由丽阳峡谷、华东药用植物园、灵山寺三个片区组成，面积分别为2292.91公顷、94.25公顷、199.24公顷。

名山公园内山体属仙霞岭东支的括苍山脉，为组成环抱丽水市城郊丘陵盆地的北面群山。名山公园所在区域大地构造为浙东南褶皱带龙泉—遂昌断隆，由早白垩世经历了两个伸展－挤压旋回的构造演化而来。森林公园地貌以低山丘陵为主，地势为西北向东南倾斜，地形复杂，海拔在51—1073.2米之间，太山顶为森林公园内最高峰。

名山公园属中亚热带季风气候，四季分明，雨量充沛，气候温暖湿润。发源于森林公园境内溪流10条，属瓯江水系。名山公园土壤以红壤、黄壤为主，红壤主要分布在海拔800米以下，黄壤分布在海拔800米以上。成土母岩以凝灰岩为主，局部为紫色粉砂岩。

名山公园地处中亚热带，植物区系属泛北极植物区，中国—日本森林植物亚区的华东地区。森林植被分区属中亚热带常绿阔叶林地带北部亚地带，浙闽山丘甜槠木荷林区，其地带性植被为中亚热带常绿阔叶林。受人为活动的影响，名山公园大多原生植被已经反复利用和改造，现有植被类型主要以针叶林——马尾松和杉木为主，还有少量常绿阔叶林、常绿落叶阔叶混交林、针阔叶混交林和毛竹林等。

名山公园内不仅森林植被茂盛、种类繁多，而且具有观赏、科研保护价值的古树名木众多。森林公园已挂牌古树名木数量达15株，其中具代表性的有路湾古樟、古樟树群、古苣槠、古枫香等。森林公园内有珍稀濒危植物 23 种，属于国家级重点保护的野生植物共 17 种，其中国家 Ⅰ 级重点保护野生植物南方红豆杉、钟萼木 2 种，国家 Ⅱ 级重点保护野生植物有榧树、金钱松、福建柏、鹅掌楸、凹叶厚朴、厚朴、香果树、樟树、闽楠、浙江楠、红豆树、花榈木、野大豆、毛红椿、喜树 15 种。

名山公园内野生动物资源丰富而多样。据调查森林公园内有国家 Ⅰ 级重点保护野生动物有白颈长尾雉、黄腹角雉、黑麂 3 种，国家 Ⅱ 级重点保护野生动物有虎纹蛙、鸢、苍鹰、松雀鹰、红隼、白鹇、穿山甲、金猫等 8 种。

🔔 自然之美

名山公园内山峰参差，连绵起伏，峰峦叠嶂、怪石嶙峋。山涧峡谷颇为壮观。光绪版《处州府志》中说白云山"丽水白云山，在县北十里，高六百余丈，练水出焉"，可见白云山位于丽水市北，距城 5 千米，山顶海拔 549.4 米。因山阿时有丽水白云涌出，可占晴雨，故名。丽水白云山为古丽水八景之一，山上有山峰、镜心池、云海等自然景观，山顶是登高揽胜的好去处，环顾四周，俯瞰万景。丽水白云山自然生态优美，是著名的括苍名胜，令古今文人们称赞歌颂，因而被称为诗山。

《处州府志》、道光版《丽水县志》载："丽阳山，在县北十里，丽水白云山右。"丽阳山是市区北面群山的简称，最高海拔 715.6 米。丽阳山山势雄伟，龙潭水清，葱茏起伏的林海，美不胜收。阳，古文有山之南、水之北的意思，即在丽水北面，曰丽阳。《栝苍汇纪》："县北七里有丽阳山，下环清溪，县名丽水以此。"现山中建有"问源亭"一座，引发人们思考丽水的由来。

丽阳峡谷

丽阳峡谷位于骑龙山至森林公园管理处止，全长 5.3 千米，最宽处约 120 米，最窄处约 30 米，海拔最高点

551.3 米，海拔最低点 51.2 米，谷地与谷脊平均相对高差约 500 米，为森林公园最大地貌特点，是其山高、坡陡、沟深、林茂的集中体现，更是直通森林公园南北的美丽的"风景走廊"。峡谷两侧青山植物茂盛，动物繁多，有维管束植物 558 种、陆生脊椎动物 106 种，被誉为"动植物的基因库"。峡谷内丽阳坑（丽阳溪）是森林公园内流域面积最大的一条河流，溪沟内多悬崖瀑潭、深壑险滩，怪石累累，如有双喜瀑、龙潭、神龟锁溪、蛟龙出海等景，是森林公园自然风景资源的集中区。

灵山

灵山，亦名马头山，原名灵鹫山，位于丽水市区东北部，距市区约十千米，海拔约 191 米，青山环抱，层峦叠翠，山色幽致，好溪之水环其前。清道光《丽水县志》记载"灵鹫山，在县东二十里，与鹁鸪山相对，好溪环其前，层嶂峙云，重阴被水，霜旦晴初，尤极幽致。山中有灵鹫寺。宋绍圣中，郡守刘泾建溪雨亭其上，山南有元祝梅所墓碑"。

太山峰

道光二十六年，《丽水县志》载："寿元山，在县北十里，崔巍雄峻，为郡之镇山。山北为陈寮，又名陈寮山。"寿元山最高峰为太山峰。太山峰，孤峰突兀，拔地而起为公园第一高峰，海拔 1073.2 米，山体雄峨，四周空绝。周边大树林立，空气清新，气候适宜，负离子含量高，常年云雾缭绕，是天然的氧吧。

雾饶群山　徐刚强摄

畚箕山

畚箕山位于丽阳坑口东侧，有"畚箕仙踪"之称，即两座裸露的小山，海拔分别为 217 米和 235 米，玲珑秀美，是由红色砂岩受垂直解理切割，并在差异风化、重力崩塌、流水溶蚀、风力侵蚀等综合作用下形成的有陡崖的宝塔状地形，远看似两只农闲的畚箕遗留于此。畚箕山上洞穴错落别致，陡壁耸岩，千姿百态，并有聚仙台，仙脚踪迹留下，可让人们寻觅。

透云洞

透云洞位于畚箕山东侧，悬崖峭壁之上，天生一个透云洞。该洞由两个洞组成，一个横着一个竖着，洞与洞之间相连通。大洞长约 50 米，宽约 1.6 米，高约 30 米，人要进洞只能缓行。穿过窄窄的大洞，有一种"柳暗花明又一村"之感。两洞连接处，抬头仰望，可见丽水白云蓝天。

水帘洞

水帘洞位于九炮路口北面，寿元山西，海拔 691 米处。《丽水县志》风俗篇记载，水帘洞在唐代就已很有名，主洞高 10 米，宽深各 5 米，常年有水从洞顶泻流，珠雨漫滴如垂帘而名之。洞内有泉穴如洼尊，深仅数寸，而饮之不竭。据传，饮泉水三口者，三年内必时来运转，得宝发财，当年正德皇帝游赏水帘洞也想采其山水之灵气。

镜心池

镜心池位于丽水白云寺南，光绪版《丽水县志》记载"……山中有福林寺，寺前曰镜心池，池左曰借闲堂……"。镜心池成狭长型，于1967年在原丽水白云寺放生池下筑坝新建，蓄水量约3000立方米。四周群山罗列，古木参天，松林茂密，池边竹林摇曳，景色幽深，有种"古寺，静心也"的心境写照。

幽谷清流　王建平摄

夹境鸣琴

夹境鸣琴位于丽阳坑狮子坛水库，龙潭北上方。水库坝长约 45 米，高约 20 米。雨季水量大时，水从坝顶溢出，形成瀑布，景色尤为壮观。水面清澈见底，弧形坝壁和映入水面的倒影，犹如一面镜子，瀑布跌落水潭和冲击石头的自鸣声，形成"夹镜鸣琴"之景。

🔊 人文荟萃

丽水历史悠久，据考古发现，早在 4000 多年前就有人类活动。隋朝开皇九年（589）建处州。悠久的历史使得森林公园内历史遗迹众多。

白云寺

白云寺原名福林寺，位于白云山顶，始建于唐朝天佑年间，迄今已有 1100 多年的历史，是唐朝高僧雪峰和尚四世孙福林澄禅师修行之地，也是明朝光禄卿王一中读书之处。鼎盛时期"四方之侣闻风来赴，履满户外"，僧人达 300 余众。后屡毁于战火，千年古寺几近废墟。为传承佛教历史文化，2010 年在福灵寺的基础上，由奉化雪窦寺投资 1 25 亿元重建的丽水白云寺及生活区、禅修中心、丽水白云八镜等，占地 150 亩。历时五年，寺院区的天王殿、大雄殿、藏经阁、伽蓝殿、祖师殿、素斋馆、居士林、接待室和生活区等主体建筑已修建完成，千年古刹得以重现。

白云寺

括苍古道

括苍古道始拓于东汉至南朝年间，距今1500余年，唐代定为驿道，至明清两代，当时为温州、丽水通往金华的官道。在丽水境内古道自缙云县桃花岭村樊庄路口起，至莲都区岩泉街道余岭村止，全长约20千米。森林公园内括苍古道贯穿于马头山管护区灵山区块，长约5.5千米，道宽约2米，路面完整，全部为块石砌成，依山盘筑。古道两侧现存历史古迹也十分丰富，如庆善禅寺、桃花洞、孝子牌坊、栝苍古道摩崖石刻、洋教士楼、却金馆驿站四大公馆遗址等。古道沿线古村落较多，樊庄、三望岭村、却金馆、隘头、高青村、村历史风貌基本完整。

庵堂古道

古道始建于唐朝，距今1300余年。从山脚而上可通庵堂，庵堂为林场的一个管理站地名，亦可到陈寮，故又称为陈寮古道，全长 12 千米，道宽约 1.5 米，路面完整，全部为块石砌成，为古时陈寮村民下山唯一通道。抗战时许多民众沿古道而上逃避战乱，古道曾遭到日军的破坏。近年，对古道进行了修复，修补了破损的石块，现为驴友热衷的野外路径之一。

白塔庙

府志县志明确记载："唐大中四年，刺史徐戬祷雨庙下，随应，乃其额曰：丽阳庙因丽水经其南，故也。庙居其后，遂改名丽阳庙。古丽阳庙即白塔庙，山顶旧有浮图，故取名焉。"白塔庙是森林公园范围寺庙中建庙最早的庙，供奉丽阳公。20 世纪 60—70 年代林场建水电站，拆毁白塔庙，建引水渠道。后水电站废，村民曾在渠道上建一庵小庙。如今在丽阳坑龙潭山脚，只能找到尚存的白塔庙遗址。

丽阳殿（丽阳庙）

丽阳庙原先为白塔庙。唐大中六年（852），处州太守为方便人们祭拜，丽阳庙从丽水白云山迁到山脚。大中九年（855）春三月，阙郡守审山势，于旧庙（白塔庙）之西而创殿焉。其主位丽阳王，盖北山之神；左则白塔王，司土地之神；右则巨潭王，乃北沼之龙神。山、土、龙三神合享一祠。元祐二年（1087）加封为"灵显庙"。丽阳神者，山川之灵，能出云为风雨，庙据山川雄崎之胜，往往官民遇旱洪涝，必祈于神，祈必应，则礼法祭祀。是岁有秋，官民亦为之欢庆。从唐代始丽阳庙已兴此风

霞秀大地　徐至灵摄

俗，宋元、明清亦相继习之。丽阳庙自古至今屡毁屡修，虽有损坏，但是基本保持下来。现今的丽阳殿是改革开放以后由丽阳和天宁寺等村的村民集资在旧址上重建起来的。

灵山寺

位于瓯江支流好溪下游的49省道北灵山半山腰处，背靠灵山，面向瓯江，空气清新，风景优美。据《明一统志》记载：灵山寺，为五代时建，旧名灵鹫。现据相关史料考证，它始建于东晋大兴三年（320），北周建德三年（574）因大火焚毁，唐朝贞观六年（632）重建灵鹫寺，北宋进入鼎盛时期，建有大雄宝殿、观音堂、禅房等。明洪武四年（1371）灵鹫寺东侧建平天圣母殿道房等，并改名灵山寺，延续至今。改革开放后，先后修建了大雄宝殿、天王殿、观音堂、平天圣母殿、胡公殿、地藏王殿等。

九龙山

九龙山位于丽水遂昌乃为浙江第
一高峰因其主峰的四周脉伸出九条山
脊六条山谷谓之九省六谷有似蟠江
倒海之巨龙故称九龙山其山地资源
丰富种类多样而被誉为华东古三道
狮河猿与天鹅庄了极为丰富的生物
从而藏得了生物基因实库院有奇
峰飞瀑古木怪石又有奇花异草称
素异数家属佳妙

题此以是为九龙山之作
秋日冬宗旸敬书於清某堂

◎　宋晓赟《九龙山图册》（局部）

概况

　　九龙山名山公园依托九龙山国家级自然保护区，地处浙、闽、赣三省毗邻地带的遂昌县西南部，与福建浦城、浙江龙泉接壤，属武夷山系仙霞岭山脉的一个分支，是钱塘江水系的最南端源头，主峰海拔1724米，为浙江第四高峰。

　　九龙山地处江山—绍兴深断裂的东南侧，区内地史古老，孕育于中生代早白垩世早期，约有2亿年的历史。山体走向呈东北—西南向，区内大部分地区的海拔都超过1000米，海拔超过1500米的山峰有37座。地层以

中生代火山岩为特色，下白垩统磨石山群分布全区，受内力、外力的共同地质作用，形成了侵蚀剥蚀构造地貌、河流地貌和重力地貌 3 种类型。在风化、剥蚀、重力崩塌等外力地质作用下，形成了现今的沟谷纵横、峰峦叠嶂的中山地貌和较丰富的地质遗迹。

九龙山气候属中亚热带湿润季风气候，四季分明，雨水充沛，光照适宜，相对湿度较高。复杂的地形地貌，构成了丰富多样的小气候，具有垂直地带性、雨季和干季明显、山顶部风大气候变化复杂、南北坡有较大差异等特征。

九龙山是钱塘江水系的最南端源头乌溪江的集水区，整个水系呈羽翅状，主要水源有相公源、罗汉源、杨茂源、西坑源四条，其生态地位极端重要，是我省重要的生态功能区。区内水资源丰富，水质良好，溶解氧含量高。

九龙山属于中亚热带森林生态系统，植被系列完整，原生林和老龄林分布面积大，达 600 公顷以上，主要分布在中山地带，为亚热带东部地区所罕见；海拔梯度上垂直带谱明显且完整，并随着地形地貌的变化呈现出一定程度的镶嵌现象，这在亚热带地区很有代表性；青冈类常绿阔叶林、沟谷地带常绿与落叶阔叶混交林、猴头杜鹃林分布面积大，原生性强；低海拔地区的次生性植被在建立保护区后得到了较好的保护，已在向老龄林方向演替，其群落结构和组成与原生林越来越接近。

九龙山地处南北植物的汇流之区，也是许多古老孑遗植物的避难场所，植物的种类十分丰富，植物区系呈现南北过渡、东西相承的特点，是一座极具保护和研究价值的天然植物王国。已知有野生植物 266 科 965 属 2326 种。其中分布着南方红豆杉、九龙山榧、伯乐树、莼菜、香果树、长序榆、连香树、厚朴和福建柏等 47 种国家二级以上重点保护野生植物。同时，九龙山是九龙山榧、遂昌凤仙花、遂昌冬青、九龙山景天、九龙山紫菀、九龙山凤仙花、九龙山黄鹌菜、大西坑水玉簪等 38 种植物模式标本的原产地，还是梵净山石斛、鞭打绣球、遂昌凤仙花、江西杜鹃等物种在浙江的唯一分布点。

九龙山优良的生态环境、丰富的植被类型和复杂多变的地质地貌，为野生动物提供了绝佳的繁衍生息场所。保护区有野生动物 2608 种，其中有黑麂、穿山甲、黄腹角雉和白颈长尾雉等 11 种国家一级重点保护野生动物，藏酋猴、黑熊、豹猫、中华鬣羚和勺鸡等 57 种国家二级重点保护野生动物，还是九龙棘蛙、九龙新蝎岭等 10 种动物模式标本的原产地。

自然之美

　　九龙山自然保护区拥有 8 个大类 25 个基本类型 47 个单体旅游资源，包含山、水、林、石、天象、人文等，丰富多彩，组合良好。九龙山原始神秘，境内山峦叠嶂、峰奇岩异，飞瀑碧潭、溪流纷争，负氧离子每立方厘米含量过万，远高于世界清新标准。九龙山生态旅游资源丰富，有罗汉源、天池仙境、九龙飞瀑、泗洲幽涧、天

九龙山日出　毛利民摄

坪听涛等水域景观；有高山湿地、珍稀植物园、杜鹃长廊等生物景观；又有九龙日出、九龙云海、九龙雾凇等天象与气候景观；且极具历史、民俗、红色等人文旅游资源。

人文荟萃

以九龙山为中心，周边有黄沙腰镇、王村口镇、柘岱口乡、龙洋乡、蔡源乡等五个乡镇，社区人居历史悠久，文化底蕴深厚且具特色。源于外地移民的不同地域文化元素，使环九龙山区域在民俗、宗教、民间文艺等方面形成一定的特色文化，形成以黄沙腰的李家大屋、茶园村武术文化，柘岱口的古寨村落、蔡源的蔡和文化、民间传说、山歌曲调等为代表的特色人文资源。同时，该区域还是浙西南革命根据地的重要组成部分，1935 年粟裕、刘英带领的中国工农红军挺进师进驻王村口镇，开辟了以王村口为中心的游击根据地，创造了"雪夜飞跃九龙山"神出鬼没打击敌人的军事奇迹。

九龙山人防身术

九龙山人防身术已有 400 多年历史，九龙山人练武的目的是练武防身，抵御盗匪。2007 年 8 月，全县非物质文化遗产调查时，发现西坑里、泉苑有传统武术，引起了乡村重视，并且进行了相关的保护和传承。2015 年 7 月，九龙口村武术队赴杭州参加了第十届浙江国际传统武术比赛，获得集体项目第一名，荣获金奖。据专家考证，九龙山人防身术属于南拳体系，现有板凳术，杨家三十六大步，弄堂棍，观音拳，太和拳，折棍等六个套路。其中杨家三十六步，弄堂棍，观音拳，太和拳都有动作谱记。

千年龙排

九龙山木材资源丰富，在没有公路之前，山里人都利用乌溪江上游河道，将木材扎成木排，运至衢州樟树潭出售，然后买回日常生活用品，是山区人民主要的谋生方式，乌溪江上游的人大多都会扎排放排。木排有两种，段木和长梢，放的时候都要一节一节连起来，犹如一条长龙，故称龙排。2017年端午节，借"大国中国年端午遂昌行"活动，开展了传承千年的龙排放排活动，两天内吸引了9000多名游客和周边群众前来参加。央视二套节目《第一时间》栏目和央视十三套节目《新闻直播间》栏目，分别用7分钟和13分钟时间，两度直播了龙洋放排和龙洋龙排制作的实况。龙洋龙排先后被《中国经济导报》《青年时报》《浙江日报》、央视网、新华网等100多家全国媒体报道或转载，促使九龙口村一度成为全国的"网红村"。

蔡相文化

千百年来，蔡源得仙霞岭九龙山灵秀之气，人与自然和谐相处，世代笃信耕读传家、诗礼传家，历史积淀浓厚，形成了多样性文化和独具地方特色的历史传统。据光绪《遂昌县志》记载，相传五代时，当地有异姓兄弟24人，锄强扶弱保一方安康，后来为地主所害，人们为了纪念二十四位伐木人殉难，都传说他们还没有死，是成"神"了，人们把他们尊称为蔡相大帝，保佑着山里百姓。蔡相文化在遂昌西部地区影响很大，乡民立庙以祀，在立秋后择日朝拜祈祝，并逐渐形成了"八月会""蔡源祭品""蔡和米塑"以及和蔡相传说相关的特色文化内涵。"蔡和文化"始于明嘉靖年间，金小六创办的民间草台班子——蔡和班，历500年沧桑而不衰，其"蔡和脸谱"着色苍老，图案丰富有着明显的地方特色和民间艺术气息。蔡源境内的历史文化遗存也非常丰富，名胜古迹众多，如蔡王殿、白云庵、郑氏宗祠、务本堂、罗家大屋等，还有红军岩、南山战壕、蔡源古道等多处历史遗址。

黄沙腰镇

毗邻九龙山麓，群山环抱、云海茫茫，远离喧嚣、遗世独立，黄沙腰镇素有浙江"西藏"之称，拥有雕栏画栋的晚清时期古建——李氏宗祠、李氏大屋美不可言，风光旖旎的避暑胜地九龙山自然保护区中《九龙盗珠》《十八罗汉》《跳鱼井》的美丽传说也是神秘莫测。民间文艺丰富多彩，其中最为出名的是灯彩，有龙灯、马灯，花灯等，逢年过节热闹非凡；还有黄沙腰烤薯制作技艺、邵村刺绣等优秀的非遗文化，也有着明显的地方特色和民间艺术气息。从剑光生态茶园到以自然生态、田园景观为主要特色的杨茂源村农家乐、大洞源仙霞云墅等民宿农家乐，丰富的人文资源也吸引着络绎不绝的人们。